DER ELFENBAUM

IM MÄRCHENLAND CORNWALL

Fotografien von Hans Siwik

DER ELFENBAUM

IM MÄRCHENLAND CORNWALL

Auswahl der Märchen und Übertragung
aus dem Englischen
von Sabine Wienker-Piepho

Herder Freiburg · Basel · Wien

Für Laskin

Leicafotografie Hans Siwik
Reproduktionen: Scan-Studio Hofmann, Freiburg
Herstellung: Freiburger Graphische Betriebe 1991
ISBN 3-451-22461-5

Inhalt

Die Riesen von Michael's Mount

Das Märchen von
Jack, dem Riesenbezwinger

♦

Lang, lang ist's her, da lebte ein Riese in Cornwall, der hieß Cormoram. Er hatte auch eine Frau mit Namen Cormelia, und die mußte die meiste Arbeit tun. Sie hausten hinter den Wäldern in der Nähe des Dorfes Marazion an der Küste. Zu jener Zeit gab es dort noch sehr dichte Wälder, und der Riese Cormoram fürchtete, trotz seiner Stärke könnten die Bauern, deren Vieh und Land er regelmäßig plünderte, eines Tages das Dickicht durchdringen und ihn und seine Frau im Schlaf töten.

Deshalb beschloß er, einen Hügel aufzuschichten, von dem er über die Wipfel der Bäume schauen konnte, mit einem Schloß obendrauf und mit Fenstern, um hinauszusehen, selbst dann noch, wenn er im Bette lag. Um alles noch sicherer zu machen, wollte er die Festung nicht auf dem Land, sondern draußen vor der Küste errichten. Kaum hatte er diesen Gedanken gefaßt, als er auch schon seiner Frau befahl, mit der Arbeit zu beginnen.

Cormelia sollte die größten Granitblöcke, die sie finden konnte, in ihrer Schürze hinaus aufs Meer tragen. So würde allmählich erst eine Insel und dann ein Berg im Wasser entstehen. Die arme Cormelia schuftete Tag und Nacht. Sie raffte die Felsbrocken zusammen, auf die ihr Mann mit einem Baumstamm deutete. Den Baum hatte er extra zu diesem Zweck ausgerissen. Nur ganz selten , und wirklich nur dann, wenn der Stein selbst für die Riesin zu schwer war, faßte er mit an. Dann stapften sie hinaus ins Meer, egal ob Flut war oder nicht, und schichteten Stein für Stein den Berg aus ihrer Schürze auf. Im Spätsommer war der Hügel aus Granit schon so hoch, daß man ihn meilenweit sehen konnte. Da erlaubte Cormoram seiner Frau, sich ein wenig zu verschnaufen, wie er es nannte; sie sollte das Vieh, die Vorräte und Tisch, Stühle und Bett aus der tiefen, düsteren Höhle holen, in der sie bislang gehaust hatten. So schleppte sie denn alles auf die Felsinsel, wie er sie geheißen hatte. Dann schulterte der Riese seinen Knüppel und brach zu seinem neuen Zuhause auf. Cormoram setzte sich auf die Spitze des Eilands und machte sich daran, ein Schloß aus der Luft herbeizuzaubern. Die meisten Riesen in Cornwall beherrschen kleine Zauberformeln und einige magische Sprüche. Aber für dieses bedeutende Vorhaben hatte Cormoran monatelang seine ganze Kraft aufgespart, denn nun wollte er alle seine Kunststücke in einem einzigen, großen Knall zusammenwirken lassen. Und das war vielleicht ein Knall! Aus dem klarblauen Himmel krachte ein fürchterlicher Donner, der die Häuser von Land's End bis zum Lizard-Point erzittern ließ. Alle Bauern rannten entsetzt aus ihren Häusern, und dann sahen sie es: auf der Spitze der Felsinsel stand ein Schloß. Ein Riesenschloß mit allem, was dazugehörte, mit Zinnen und Türmen und Fenstern, aus denen Cormoram das ganze Land überblicken und seine Feinde erspähen konnte.

„Wird der Riese denn nun wenigstens die Gesetze achten, jetzt, da er ein eigenes Haus hat?" fragten die Bauern die Dorfältesten. Aber kaum

hatten sie die Frage gestellt, da brüllte es auch schon fürchterlich vom Inselberg her, und das Dröhnen schwerer Schritte ließ alle die Flucht ergreifen. Wenn das überhaupt noch möglich war, stahl Cormoram jetzt noch mehr Fleisch und Gemüse, und entführte ganze Herden von Schafen und Rindern, die die cornischen Bauern in langen Jahren sorgsam gezüchtet und gehegt hatten. Er raubte niemals weniger als drei Kühe auf einmal, die er an den Schwänzen zusammenband und sich über die Schulter warf. Schafe waren es immer mindestens zwölf. Die warf er alle zusammen in einen Sack aus Segeltuch und trug sie mit sich fort.

In ganz Westpenwith, von St. Ives bis Land's End, waren die Menschen verzweifelt. Sie wußten, daß ihnen ein schlimmer Hungerwinter bevorstand, wenn es nicht jemandem gelänge, den Riesen zu töten. Sie rafften alles Gold zusammen, das sie versteckt hatten, füllten es in einen ledernen Beutel und versprachen den Schatz demjenigen Manne, der tapfer genug sei, den Riesen zu bezwingen.

Aber unter all den kühnen Männern von Cornwall fand sich nur ein einziger, der dazu bereit war. Sein Name war Jack, und er lebte mit Vater und Mutter in einer kleinen Hütte nahe von Ding Dong, hoch oben im Moor. Seine Eltern flehten ihn an, es nicht zu tun, aber Jack hatte sich nun einmal entschlossen. Und nicht nur das – er hatte auch einen Plan:

Eines Nachts begab er sich ans Ufer und grub gegenüber vom Schloß im Schutz der Dunkelheit ein Loch, so tief, daß er es selbst nur knapp mit einer langen Leiter verlassen konnte. Dann bedeckte er das Loch mit dünnen Holzbrettern, streute Sand darüber, so daß man nichts sah, setzte sich hin und wartete.

Die Sonne stand schon hoch am Himmel, als Jack beobachtete, wie das Tor des Schlosses aufsprang und der Riese hinaustrat. In der Hand schwang Cormoram einen Knüppel so groß wie eine ausgewachsene Eiche. Er gab ein Gebrüll von sich, das man meilenweit im Umkreis hören

konnte. Aber wie erstaunte er, als er mit einem Mal eine Antwort vernahm! Da fiel sein Blick auf Jack, der aufgeregt am Ufer gegenüber hin und her rannte und sein Schwert über dem Kopfe schwang. Der Riese wollte erst seinen Augen nicht trauen, aber dann stürzte er sich mit einem Wutschrei ins Wasser, so daß die Wogen wild emporschäumten. Aber anstatt davonzulaufen, stand Jack ruhig da und blies sogar noch keck in sein Horn, das er bei sich trug. Das war zuviel für Cormoram. Er machte einen Schritt an Land und wollte den Winzling mit einem Streich umhauen. Doch da gab der Boden unter seinen Füßen nach, und er landete in Jacks Fallgrube, so daß nur noch sein Kopf heraussah. Schnell wie ein Blitz war Jack hinter ihm und hieb dem Riesen mit ei-

nem einzigen gewaltigen Schwertstreich den Kopf ab.

Von den Klippen im Hintergrund hörte Jack Jubelgeschrei. Als er sich danach umdrehte, sah er, daß die Leute vom Dorf Freudentänze aufführten. Plötzlich aber verstummten sie, denn vom Inselberg her erscholl ein entsetzlicher Schrei. Das war Cormelia, die Frau des Riesen. Zornig stakste sie im Wasser auf die Menschen zu. Als Jack fliehen wollte, stutzte er, denn ihm schien, als sähe Cormelia jetzt viel kleiner aus als sonst, und als er noch genauer hinsah, merkte er, daß sie immer weiter schrumpfte. Magische Kräfte hatten sie und ihren Ehemann zu solchen Riesen gemacht, nun aber war der Zauber gebrochen. Cormelia war auf halbem Wege im Wasser, das die Felsinsel vom Ufer trennte, als ihr das Wasser bis zur Hüfte reichte, dann bis zu den Schultern und schließlich fast bis über den Kopf. Mit einer letzten Anstrengung konnte die Riesin sich noch an Land retten. Dort aber schrumpfte sie immer weiter, ward alsbald kleiner als ein Mensch, dann wie ein ganz kleines Mädchen, schließlich wurde sie so klein wie eine Katze und zum Schluß kleiner als eine Maus. In diesem Moment kam eine Möve geflogen, packte die quiekende Cormelia im Schnabel und flog mit ihr über die Bucht hinweg davon. Niemand hat die Riesin je wiedergesehen.

Als das geschehen war, kamen die Dorfbewohner zum zweitenmal hinter den Felsen hervor, wo sie sich versteckt hatten, um alles zu beobachten. Von der Fallgrube hatten sie nichts geahnt, und sie waren sicher gewesen, daß Jack würde sterben müssen. Nun, da beide Riesen tot waren, kannte ihre Freude wirklich keine Grenzen. Die Bürgermeister von Penzance, von Marazion und von St. Ives, alle drei kamen die Dünen herunter gelaufen, um den Held des Tages mit dem wohlverdienten Golde zu belohnen. Und die dankbaren Bürger von Cornwall rannten hinter ihnen her und lachten und tanzten.

In jener Nacht gab es Freudenfeste und Jubelfeiern in ganz Cornwall. Während einer würdigen Zeremonie wurde Jack mit einem silbernen Gürtel geehrt, auf dem geschrieben stand:

> Dies ist der kühne Cornwallmann,
> der schlug den Riesen Cormoram.

Jack trug diesen Gürtel, wo immer er hinging, und deshalb hieß er bald nur noch „Jack, der Riesentöter“. ♦

Der Men-an-Tol

Das Märchen von
der Heilung der kleinen Prinzessin

♦

Es geschah einmal vor vielen hundert Jahren, daß die Sonne vom ständigen Auf- und Untergehen sehr müde geworden war. So bat sie den Mond, er möge sie doch für einige Zeit vertreten. Sie selbst wolle einmal so richtig ausschlafen und vielleicht auch ihre beiden Cousinen besuchen. Der Mond, der selbst viel zu tun hatte, wollte sich das noch einmal gut überlegen. Er versprach der Sonne aber, ihr nach Ablauf von drei Tagen zu sagen, wie er sich entschieden habe. Die Sonne mußte sich also noch gedulden.

Eine weise alte Frau, die an bestimmten Tagen des Jahres die Sprache der Bäume, Tiere und Gestirne verstehen konnte, hatte zufällig das Gespräch zwischen den beiden belauscht und war sehr erschrocken.

Am Nachmittag war nämlich der Fürst des Nachbarlandes, nur in Begleitung eines treuen Dieners, zu ihrer ärmlichen Hütte gekommen. Er hatte zu Hause in seinem Reich ein kleines krankes Töchterchen, dessen Haut von scheußlichen Geschwüren ganz entstellt war. Der Fürst war von weither gekommen, weil er davon gehört hatte, daß die alte Frau mit Hilfe des magischen Steines Men-an-Tol, in dessen Nähe sie wohnte, Wunder an Kranken vollbringen konnte. Gerne wollte er ihr für die Heilung seiner Tochter große Reichtümer schenken. Er bat die weise Frau inständig um Hilfe, und vor Kummer waren ihm große Tränen über seine Wangen gerollt. Ihr hatte die kleine Prinzessin sehr leid getan, und sie hatte dem traurigen Fürsten versprochen, seine Tochter zu heilen.

Dafür aber war die Hilfe der Sonne unerläßlich. Denn einem Kranken konnte nur geholfen werden, wenn man ihn im Abendsonnenschein dreimal durch den magischen Stein hob, der in seiner Mitte ein tiefes großes Loch hatte. Danach mußte er dreimal durch das Gras um den Stein herum gezogen werden, und zwar genau entgegengesetzt zum Lauf der Sonne. Ohne Sonne war der Prinzessin also nicht zu helfen. Die Zeit drängte, denn die Kleine war sehr krank, und man konnte nicht warten, bis die Sonne sich ausgeruht hatte und wieder ihren Dienst tat.

In ihrer Not ging die Alte zum Men-an-Tol, durch den sie auch das Orakel befragen konnte. Sie legte zwei Messingnadeln auf seine höchste Stelle, wie es Brauch war, und bat die Sonne, ihr durch diese eine Antwort zu geben. Im Abendrot blitzten die Nadeln auf, und die Alte wußte das Orakel so zu deuten, daß sich die Sonne noch

gedulden wolle, bis das Kind geheilt sei. Man solle sich aber beeilen, denn sie sei wirklich außerordentlich müde.

So sandte die weise Frau dem Fürsten einen Boten mit der Nachricht, daß er sein kleines Töchterchen so schnell wie möglich herbeibringen solle. Der Fürst ließ die kleine Prinzessin in eine Kutsche betten und seine schnellsten Pferde vorspannen. Am Abend des zweiten Tages kamen sie beim Men-an-Tol an.

Die Sonne sank bereits, doch ihre letzten Strahlen trafen genau den magischen Stein. Und alles geschah, wie die uralten Riten es vorschrieben, und als das Kind zum drittenmal durch das Gras gezogen worden war, sprang es auf und hatte eine neue, samtig weiche, schneeweiße Haut. Alle waren darüber sehr glücklich, es wurde ein großes Fest gefeiert, und der Fürst belohnte die Alte reichlich.

Der weisen alten Frau, die ein gutes Herz hatte, lag jedoch nichts am Gelde, denn durch ihre Zauberkünste und die Hilfe des Men-an-Tol hätte sie stets genug davon haben können. Sie sorgte sich vielmehr um die vielen anderen kranken Kinder, die sie mit der Kraft der Sonne und des Steines würde heilen können. Deshalb ging sie am Nachmittag des dritten Tages, bevor sich Sonne und Mond erneut treffen wollten, zur Sonne und beschwor sie, von ihrem Vorhaben abzulassen. Und die Sonne hatte ein Einsehen, hatte doch auch sie sich sehr mit der kleinen Prinzessin

und ihrem Vater gefreut. Als am Abend der Mond am Himmel erschien, um der Sonne zu sagen, daß er sie gerne einige Zeit vertreten wolle, da lachte diese ihn an und bedankte sich freundlich. Sie antwortete ihm, daß sie sich über die Heilung der Prinzessin so gefreut hätte, daß eine Erholung gar nicht mehr nötig sei. Der Mond war's zufrieden, und so teilen sich Mond und Sonne immer noch die Arbeit am Himmel.

Auch heute noch steht der Men-an-Tol, der magische Stein mit dem Loch, auf einem mit Ginster bewachsenen Hügel ein paar Minuten unterhalb des Dörfchens Lanyon, und die Einheimischen wissen von seinen geheimnisvollen Kräften wundersame Dinge zu berichten.♦

CROOKER

Das Märchen von den drei Zaubersträußchen

♦

Es ist schon lange Zeit her, da war ein Reisender spät abends unterwegs nach Cromford. Der Weg war einsam, und niemand war dem Manne bisher begegnet. Er dachte über manches nach und war darüber so versonnen, daß er den Weg vor sich kaum beachtete.

Wie erschrak er, als plötzlich eine alte Frau aus den Büschen trat und ihn ansprach. „Wohin des Wegs so spät, Fremder?" fragte sie, „die Sonne ist schon lange untergegangen, bald wird es finstere Nacht sein. Bei Dunkelheit solltest du den weißen Weg nach Cromford besser meiden!"

Der Reisende war vor Schreck ganz stumm. „Ich sehe", sagte die alte Frau, „daß du klug bist und schweigst, um dich nicht in Gefahr zu bringen, aber ich glaube, daß du ohne Hilfe nicht mit Crooker fertig werden wirst." Der Reisende sah sie genauer an und erkannte eben noch, daß sie ihm ein Kräutersträußchen entgegenhielt. Erst zögerte er, es zu nehmen, weil die alte Frau ihm im fahlen Dämmerlicht so seltsam grünlich erschien, aber dann hielt er den grünen Schimmer doch für den Widerschein des Johanniskrautes. Die alte Frau nickte ihm jedoch freundlich zu. „Viel Glück", sagte sie, „du hast einmal einen Vogel aus einem Netz befreit. Ich kenne den Vogel. Nimm diesen Strauß und halte ihn Crooker entgegen, wenn du ihm auf der Straße nach Cromford begegnest." „Wer ist Crooker?" fragte der Reisende noch, aber die Alte war schon verschwunden.

„Das war wahrlich eine Warnung", dachte er, „aber ich muß trotzdem weiter nach Cromford." Und er ging seines Weges.

Er war noch nicht lange gegangen, da sah er eine zweite Alte am Wegesrand sitzen, und auch diese kam ihm merkwürdig grünlich vor, als sie ihm ein Sträußchen mit Primeln entgegenstreckte. „Niemand darf nachts den weißen Weg nach Cromford nehmen", sagte sie. „Ich muß es aber tun", widersprach der Reisende, der wegen des Sträußchens annahm, daß die Alte ihm ebenfalls wohlgesonnen sei, „meine alte Mutter ist krank und wartet auf mich." „Dann zeig' dies Crooker", sagte die Frau und gab ihm die Blumen. „Du hast einmal ein Kaninchen aus dem Fangeisen befreit. Ich kenne das Kaninchen. Und du brauchst jetzt die rechte Hilfe." „Wer ist Crooker?" rief der Reisende, so rasch er konnte, aber schon war auch diese Alte verschwunden, und er war wieder ganz allein auf dem weißen Weg nach Cromford.

„Es wird finster werden, bevor der Mond aufgeht", sagte der Mann zu sich, „ich muß mich

sputen. Wenn ich nur wüßte, was es mit diesem Crooker auf sich hat."

An der Weggabelung traf er schließlich ein drittes altes Weib, das wiederum ein Blumensträußchen, dieses Mal waren es Narzissen, in der Hand hielt. Auch von ihr ging ein grünlicher Schimmer aus. „Es ist spät", sagte sie, „und viel zu gefährlich, um ohne Beistand nach Cromford zu gehen. Nimm dieses Sträußlein, und zeige es Crooker." „Wer ist Crooker?" fragte der Reisende zum drittenmal, aber wieder erhielt er keine Antwort darauf. Die Alte sagte nur: „Du hast einmal eine Füchsin und ihren Gemahl aus einer Fallgrube befreit. Ich kenne sie beide. Deshalb gebe ich dir einen Rat: Halte dich möglichst weit vom Ufer des Darrent entfernt und gehe neben der weißen Straße, die am Fluß entlang führt. Du mußt unbedingt die Brücke erreichen, bevor der Mond aufgeht. Merke dir meine Worte wohl." Und schon war auch sie verschwunden und es war, als ob sie in einen der Hügel hineingegangen sei.

So ging er nun weiter mit seinen drei Zaubersträußen und hoffte, daß sie ihm wirklich helfen würden, wenn er auf den geheimnisvollen Crooker treffen würde.

Inzwischen war der Reisende sehr müde geworden, und seine Schritte wurden schwerer. Er sorgte sich, daß er das Kreuz auf der Brücke wahr-

scheinlich doch nicht mehr vor Aufgang des Mondes erreichen würde. Vielleicht war das aber auch gar nicht so schlimm, wie die drei Alten gesagt hatten, vielleicht wäre er auf diese Weise sogar sicherer, weil er im Mondlicht nicht Gefahr laufen würde, in den tiefen Darrent zu stürzen? Es konnte ja auch sein, daß die drei alten Frauen nur Gespenster gesehen und ihn ohne Grund geängstigt hatten. Er war sich unschlüssig, setzte aber seinen Weg schweren Herzens fort, denn er mußte ja zu seiner kranken Mutter.

Als er schließlich die weiße Straße am Ufer erreichte, stand der Mond direkt über seinem Kopf und schien sehr hell. Neben ihm rauschte das Wasser des Darrent, und knorrige Eschen säumten den Weg. Sie warfen seltsame Schatten, und es schien ihm, als ob sich diese bewegten. „Ich mag diese lebenden Zweige ganz und gar nicht", seufzte der Reisende und schaute sich furchtsam um. „Ganz besonders der einsame Baum dort vorne macht mich schaudern, seine Zweige sehen aus wie Knochenhände. Ich bin ja nicht mehr weit von Cromford entfernt. Ich will schnell noch an dem unheimlichen Baum vorbeilaufen, und dann bin ich schon bald bei meiner Mutter!" Er nahm seinen ganzen Mut zusammen und rannte trotz seiner Müdigkeit, so schnell er konnte.

Da begann der Fluß auf einmal laut zu stöhnen, das Wasser rauschte und bäumte sich auf, und es war dem Mann, als ob er ihn laut habe „Hunger!" rufen hören. Auf dem weißen Weg vor sich sah der Reisende im Mondlicht die Schatten von Geisterhänden, die alle nach ihm griffen. Ein jäher Schreck ergriff ihn, das mußte Crooker sein. Was sollte er nur tun, wie sollte er sich retten? In seiner Angst warf er das Sträußchen mit den Narzissen über seine Schulter. Im gleichen Moment waren die Geisterhände verschwunden und es schien dem Reisenden, als habe der Fluß „Her damit!" gerufen. Er hörte das Sträußchen in den Darrent platschen. Dann war es plötzlich ganz still.

Der entsetzte Reisende rannte nun um sein Leben; er mußte so schnell wie möglich das Kreuz

auf der Brücke erreichen, die drei alten Frauen hatten mit ihren Warnungen wahrhaftig nicht übertrieben. Kaum war er ein Stück weit gekommen, da tauchten erneut vor ihm die gräßlichen Geisterhände auf und versuchten, nach ihm zu greifen. Schon einmal hatte ihm ein Sträußchen geholfen. Deswegen warf er nun das Sträußchen mit den Primeln über seine Schulter. Auch dieses Mal ließ Crooker gleich von ihm ab. Wieder stöhnte der Darrent „Her damit!“, und wieder hörte er den Strauß in das Flußwasser fallen. Rasch lief er weiter und war nun fast an der Brücke angelangt, da legte sich ein Schatten quer vor ihn über den Weg. Mit allerletzter Kraft drehte der Mann sich herum und warf das Sträußchen Johanniskraut dem grausigen Baum entgegen, der laut aufschrie; dann fiel es in den Fluß. Der Reisende machte einen großen Sprung auf die rettende Brücke. Er brach vor dem Holzkreuz zusammen und verlor das Bewußtsein.

Der Darrent aber seufzte und stöhnte. Die Leute von Cromford sahen einander entsetzt an: „Darrent und Crooker", raunten sie sich zu, „bei Sonnenaufgang müssen wir den Priester holen. Es wird einen neuen Toten für den Friedhof geben."

„Erinnert ihr euch an die ertrunkene Bettlerin, die wir mit gebrochenem Genick fanden? Damals hat er genau so gestöhnt."

Als sie aber am nächsten Morgen zur Brücke kamen, fanden sie einen totenbleichen Mann, der seine Gebete vor dem Brückenkreuz murmelte. Er war ganz steif vor Entsetzen und ließ sich kaum zum Dorf führen. Nach und nach beruhigte sich der Fluß und glitt wieder lautlos unter den Schatten einer einsamen Esche dahin . . . ♦

Der Elfenbaum

Das Märchen von den drei kleinen grünen Elfen

♦

In sehr alten Zeiten standen auf einem Hügel drei Bäume. In mondscheinhellen Nächten konnte man dort einen eigentümlichen Singsang vernehmen, der von drei kleinen grünen Elfen kam, die es liebten, unter den Bäumen zu tanzen. Niemand wagte sich in die Nähe dieses verwunschenen Ortes. Nur ein Bauer kam einmal im Jahr am Abend vor Mittsommernacht hierher, um an den Fuß eines jeden Baumes einen kleinen Strauß Himmelschlüsselchen zu legen. Die Blätter der drei Bäume säuselten dann immer recht seltsam, die letzten Strahlen der Sonne färbten den Himmel rot, und er beeilte sich, rechtzeitig vor Dunkelheit wieder zuhause zu sein. Er besaß ein reiches Anwesen und pflegte oft zu seinen drei Söhnen zu sagen:

„Mein Vater meinte immer, unser Glück läge dort oben; sollte ich einmal sterben, so vergeßt nicht, die Himmelschlüsselchen zu den drei Bäumen zu bringen. So hat es schon mein eigener Vater gehalten, und vor ihm alle unsere Vorfahren."

Die Söhne hörten wohl, was er sagte, schenkten seinen Worten aber kaum Beachtung. Nur der Jüngste nahm sich die Worte des Vaters zu Herzen.

Als der alte Mann starb, wurde der Besitz in drei Teile geteilt. Der Älteste bekam den größten Anteil, der Mittlere den zweitgrößten, und für den Jüngsten blieb nur ein armseliges Streifchen Land am Fuße des Hügels übrig. Aber er beklagte sich nicht, bestellte stets seinen Grund und Boden, sang dabei und war immer vor Sonnenuntergang daheim.

Eines Tages kamen seine beiden Brüder zu Besuch. Sie hatten nicht viel Glück mit ihren eigenen Äckern gehabt. Als sie nun sahen, welch reiche Ernte sein winziges Feld brachte und wieviel die wenigen Obstbäume trugen, und daß sein Gras grüner wuchs als das ihre und voller duftender Kräuter stand, und daß seine Kühe viel mehr Milch gaben als ihre eigenen, da wurden sie ärgerlich und sehr eifersüchtig.

„Wer hat dir bei deiner Arbeit geholfen?" fragten sie.

„In der Stadt munkelt man, hier werde jede Nacht gesungen und getanzt. Was ein rechter Bauer sein will, der sollte lieber zeitig zu Bett gehen."

Aber der Jüngste gab keine Antwort.

„Haben wir dich nicht auf dem Hügel gesehen, als wir kamen? Was hattest du dort zu suchen? Das Land gehört dir nicht!"

„Ich habe getan, was der Vater uns aufgetragen hat“, antwortete er, und er fügte leise hinzu:

„Es ist doch bald Mittsommernacht . . .“

Seine Brüder aber waren viel zu wütend, um richtig zuzuhören und beschimpften ihn nur.

„Der Hügel gehört mir“, schrie der Älteste, „laß dich da oben ja nicht wieder blicken. Und das Holz brauche ich für meinen neuen Schuppen. Deshalb werde ich einen der Bäume fällen. Und ihr sollt mir dabei zur Hand gehen.“

Aber der zweite Bruder mußte zum Markt in die Stadt gehen, und der Jüngste antwortete wieder nicht.

Am nächsten Tag – es ging schon auf den Mittsommernachtsabend zu – kam der Älteste mit einem Karren vorgefahren, darauf saßen Männer aus dem Dorf mit Äxten. Er rief seinem jüngsten Bruder zu, er solle sich ihnen anschließen. Doch dieser, der sich gerade anschickte, drei Sträußlein zu pflücken, antwortete nur:

„Erinnere dich, welcher Tag heute ist."

Aber der Älteste hörte nicht und stieg mit seinen Leuten auf den Hügel mit den drei Bäumen. Kaum hatte er die Axt an einen der Bäume gelegt, da jammerte und wehklagte dieser ganz wie eine weinende Frau. Die Pferde ergriffen die Flucht und mit ihnen die Männer. Nur der Älteste blieb und fuhr fort, den Baum umzuhacken. Dabei heulte der Wind, und die Zweige der zwei anderen Bäume schüttelten sich wie im Zorn. Dann stürzte der Baum mit lautem Ächzen und erschlug im Fallen den ältesten Bruder.

Später kamen die Leute zurück, fanden den Toten und den Baum und trugen beide hinweg.

Und seitdem tanzten nur noch zwei kleine grüne Elfen in den mondscheinhellen Mittsommernächten.

Als nun der zweite Bruder vom Markte kam und sah, was geschehen war, nahm er auch die Farm seines toten Bruders in Besitz. Der Jüngste aber arbeitete weiter auf seinem kleinen Stück Land und vergaß nie, jedes Jahr nun zwei Sträuße Himmelschlüsselchen auf den Hügel zu bringen.

Währenddessen wollte auf den beiden großen Farmen nichts so recht gedeihen. Als der mittlere Bruder den jüngsten wieder einmal zur Zeit der Mittsommernacht bei den beiden Bäumen sah, rief er ihm zu:

„Verschwinde von meinem Land! Und weil deine Kühe mir alle Hecken niedertrampeln, werde ich einen Holzzaun bauen, und dafür muß auch der zweite Baum noch fallen."

In jener Nacht aber blieb alles still. Niemand tanzte und keine Musik erklang, nur das leise Wehklagen von vielen Blättern war zu hören. Da wurde der jüngste Bruder ganz traurig.

Am nächsten Morgen kam der Zweite tatsächlich mit seiner Axt. Die Blätter an beiden Bäumen begannen zu zittern, obgleich kein Lufthauch ging. Auch der zweite Baum stöhnte und schrie wie eine Frau, als er schließlich fiel. Und der Jüngste, der vom Fuße des Hügels aus alles beobachtet hatte, sah, wie der Baum im Umstürzen mit einem großen Ast noch ausholte, und damit auch seinen zweiten Bruder erschlug.

Die Nachbarn trugen später den Toten und den Baum fort.

Nun besaß der Jüngste alle drei Höfe, aber er war doch am liebsten in seinem kleinen Haus in der Nähe des Hügels bei der einsamen, grünen Elfe, die von Zeit zu Zeit nun ganz allein nach einer traurigen Melodie vor sich hintanzte. Niemals vergaß er es, ihr am Mittsommernachtsabend ei-

nen Strauß Himmelschlüsselchen zu bringen. Und auf allen drei Höfen gab es seitdem nur noch gute Ernten.

Es gibt heute noch viele Bewohner jener Gegend, die lieber nicht auf den Hügel steigen, besonders nicht zur Mittsommernachtszeit. Ein oder zwei uralte Leute wissen noch zu sagen, daß man um den Hügel der grünen Elfe niemals einen Zaun bauen darf.

Der Hügel und der Baum stehen seitdem dort ganz einsam. Es ist ein trauriger und etwas unheimlicher Ort. ♦

Das Meerweib und der alte Mann aus Crury

Das Märchen von
der Rettung der Nixe

♦

Vor vielen hundert Jahren ging einmal an einem schönen Sommertag, als die Sonne strahlend vom wolkenlosen Himmel lachte, ein alter Mann in einer der Buchten des Kap Lizard am Strand spazieren. Er lebte unweit des Meeres im Dorf Crury und war Zeit seines Lebens, das er ganz in dieser Gegend verbracht hatte, immer gerne hier am Wasser entlang gewandert. Manches Mal, wenn er in der Ferne große Segelschiffe hatte vorbeifahren sehen, hatte er davon geträumt, mitzufahren und ferne Länder und fremde Menschen kennenzulernen. Jetzt, da er ein sehr alter Mann war, würde er wohl keine anderen Länder mehr besuchen, aber er kam immer noch gerne an diesen Strand.

Über seine Jugendträume nachsinnend, schlenderte der Mann versonnen dahin, als er plötzlich vor einem Felsen stand, auf dem eine wunderschöne Nixe saß mit langen goldenen Haaren, die ihre ganze Gestalt einhüllten. Sie sang mit einer schönen, klaren Stimme eine traurige Weise vor sich hin und spiegelte sich dabei in einem Tümpel mit Meerwasser, der in einer Mulde von der zurückweichenden Flut übriggeblieben war. Sie war so darin versunken, ihr Haar zurechtzustreichen und ihr liebliches Antlitz zu bewundern, daß sie den Fremdling nicht bemerkte.

Der alte Mann, der etwas erstaunt über diese unvermutete Begegnung war, schaute ihr eine Weile zu, ehe er sich ein Herz faßte und die Schöne anredete: „Nun, junge Frau, wie geht es dir?" fragte er. „Was machst du denn so allein hier um diese Tageszeit?" Aber kaum hatte die Nixe seine Stimme vernommen, als sie auch schon blitzschnell ins Wasser geglitten und untergetaucht war. Der Alte wußte nicht recht, was er davon halten sollte. Er befürchtete, sie könne ertrinken, und eilte zum Rand des Tümpels, um ihr beizustehen. Denn er meinte, sie habe sich erschrocken, nackt von einem Manne überrascht worden zu sein und nun könne sie aus Angst vielleicht zu lange unter Wasser bleiben und sterben. Seine Augen versuchten das glitzernde Wasser zu durchdringen, und er erkannte Kopf und Schultern der Frau und ihr langes Haar, das wie Seetang auf der Oberfläche schwamm und das, so schien es ihm, einen Fischschwanz verbarg. Er konnte jedoch nichts recht erkennen wegen der Fülle der Haare, welche die liebliche Gestalt umflossen. Der Alte hatte bei den Fischern von Gunwalloe schon manches von Nixen gehört und ihm wurde klar, daß er eine solche vor sich hatte. Zu-

erst war er darüber ziemlich erschrocken, aber dann merkte er, daß das Meerwesen gerade so ängstlich war wie er und sich unter dem Felsen zu verstecken suchte.

Da faßte sich der Mann abermals ein Herz und sprach sie an: „Hab keine Angst, mein liebes Kind. Du brauchst nicht besorgt zu sein, ich tue dir nichts. Ich bin alt und grau und würde dir ebensowenig ein Leid zufügen wie dein eigener Großvater." Nachdem er eine Weile so sanft auf das Wesen eingeredet hatte, faßte es schließlich Vertrauen und reckte den Kopf aus dem Wasser. Die Nixe weinte bitterlich und sobald sie spre-

chen konnte, bat sie den alten Mann fortzugehen. „Erst muß ich etwas mehr über dich erfahren," erwiderte da der Alte. „Es kommt schließlich nicht jeden Tag vor, daß man einer Nixe begegnet. Und ich habe seltsame Geschichten von dir und deinesgleichen gehört. Sei aber unbesorgt, ich werde dir kein einziges deiner wunderschönen Haare krümmen. Wie bist du denn hierher gekommen?" Und nach einigem weiteren Zureden erzählte sie ihm, was geschehen war.

Sie hatte mit ihrem Meermann und den kleinen Nixenkindern den ganzen Vormittag lang an der Meeresoberfläche gespielt, und sie waren vom vielen Schwimmen in der warmen Sonne müde geworden. So schlug der Wassermann vor, sie sollten sich in eine Höhle zurückziehen, die sie in der Kynancebay öfter aufsuchten. Sie schwammen alle los und kamen um die Zeit des Gezeitenwechsels in der Höhle an. Dort lag zartes Seegras, und die Grotte war erfrischend kühl. So war der Meermann einem Schläfchen nicht abgeneigt und bat sie, ihn beim Steigen der Flut wieder zu wecken. Bald lag er in tiefem Schlaf und schnarchte. Die Kinder krabbelten heraus und spielten auf dem herrlichen, feuchten Sand, und die Meerfrau dachte bei sich, sie könne sich ein bißchen umsehen. So habe sie sich offenbar immer mehr von der Höhle entfernt. Sie sei nach einiger Zeit auf den Tümpel gestoßen und habe plötzlich große Lust gehabt, sich in seinem Wasser zu spiegeln. Da die Kinder zu Hause ihren Spiegel zerbrochen hatten und sie eigentlich eine ziemlich eitle Nixe sei, habe sie sich sehr über diesen Wasserspiegel gefreut und habe sich lange die Haare davor gekämmt. Und nun sei das Meerwasser plötzlich nicht mehr da.

Sie ließ ihren Muschelkamm durch die schimmernden Locken gleiten und schüttelte kleine Krabben und etwas Tang heraus. Dabei weinte sie und rief immerzu: „Was soll ich nur tun? Was soll ich nur tun?" Der Alte bemühte sich sehr, sie zu trösten, aber alle seine Versuche waren vergeblich. Sie sagte, ihr Mann würde fürchterlich böse werden, wenn er erwachte und sie nicht da sei.

Und er würde sicher zum nächsten Gezeitenwechsel erwachen, denn das sei seine Essensstunde. Er sei sehr wild, wenn ihn hungere, und sicher würde er am Ende seine eigenen Kinder auffressen, wenn keine andere Mahlzeit vorhanden sei. Außerdem sei er so schrecklich eifersüchtig. Schließlich bat sie den alten Mann, sie bis aufs Wasser hinaus zu tragen.Wenn er es täte, würde sie ihm drei Wünsche erfüllen. So sehr flehte sie ihn an, daß er sich ihrer erbarmte, sich hinkniete und ihr seinen Rücken bot. Sie schlang ihre schlanken, kühlen Arme um seinen Hals und klammerte sich fest an ihn. Der alte Mann erhob sich und trug die Meernixe über den Strand.

Ganz nah an seinem Ohr war ihr goldenes Haupt, und ihre liebliche Stimme fragte nach seinen Wünschen. „Ich begehre nicht Gold und Silber“, antwortete er, „aber gib mir bitte die Kraft, meinen Nächsten Gutes zu tun. Dies sind meine drei Wünsche: Ich möchte den Zauber der Hexen brechen, Krankheiten bannen und als Drittes Diebe entdecken und von ihnen Gestohlenes wiederfinden können.“

Das alles versprach sie ihm. Er möge am anderen Tag an eine bestimmte Stelle in der Bucht kommen, dann würde sie ihn lehren, wie er diese Dinge zu bewerkstelligen habe. Sie hatten nun das Meerwasser erreicht. Die Nixe nahm ihren Kamm aus dem Haar, gab ihn dem Alten und sagte, er brauche am nächsten Tag nur ein wenig das Wasser damit zu kämmen, und schon sei sie da. Dann löste die Nixe ihre Arme von seinem Hals, glitt von seinem Rücken ins Meer, warf ihm eine Kußhand zu und verschwand.

Am nächsten Tag, zur verabredeten Zeit, war der alte Mann wieder am Felsen, den man heute noch als den Nixenfelsen kennt. Dreimal kämmte er das Wasser, als die schöne Meerfrau auch schon vor ihm auftauchte.

Sorgsam weihte ihn die Nixe in alle ihm versprochenen Geheimnisse ein. Er lernte, den Hexenzauber gegen Mensch und Tier abzuwehren, Kräuter so zu bereiten, daß Kranke geheilt wurden und ein Gefäß mit Wasser so zu benutzen, daß man in ihm das Gesicht von Dieben erkennen konnte. Alle diese Künste gingen später auch auf seine Kinder und Kindeskinder über. Noch heute zeigen sie in der Familie den Muschelkamm, den der Ahn von dem Meerweib erhalten hat. Es gibt zwar Ungläubige, die das Kleinod für einen einfachen Haifischkiefer halten, aber solche Zweifler sind noch nie besonders beliebt gewesen. ♦

JACK-OF-THE-LANTERN

Das Märchen vom
frechen Hütejungen

♦

Es war einmal ein alter Schäfer, der von allen nur Jakob genannt wurde. Er lebte in Cornwall an der Küste, und alle Leute in der Gegend hielten ihn für sehr klug und weise. Niemand konnte so geschickt mit den Schafen umgehen wie er. Nur sein alter Hund Tan, der ihn treu sein ganzes Hundeleben lang begleitet hatte, wußte die Schafe ebenso gut zu leiten und zu hüten wie Jakob selbst.

Viele Jahre hatten die zwei ihr Handwerk ausgeübt. Nun waren sie beide alt geworden, und das Schafehüten wurde immer beschwerlicher für sie. Der Bauer, dem die Schafherde gehörte, mußte sich nach einem neuen Schafhirten umsehen.

Er schickte ins Nachbardorf nach einem Jungen, den er schon längere Zeit beobachtet hatte und von dem er glaubte, daß er vielleicht ein Nachfolger für Jakob sein konnte. Der Junge besaß auch eine Hündin, Fan gerufen, und der Bauer hoffte, daß diese eine gute Schäferhündin werden würde.

„Wenn der Junge etwas lernen will, und wenn Jakob und Tan ihn und seine Hündin anleiten, dann müßte es gehen“, dachte er bei sich. Er ging zum Schäfer Jakob, der die Schafe auf den Wiesen vor dem Dorf hütete, um ihm den Vorschlag zu unterbreiten.

„Die beiden sind jung und lernbegierig genug“, sagte er zum alten Jakob, „und alt genug, um Verantwortung zu tragen.“

Jakob nickte mit dem Kopf. Er war einverstanden, den Jungen in die Geheimnisse des Schafehütens einzuweihen und ihm so viel wie möglich beizubringen.

Eines schönen Morgens, kurze Zeit nachdem der Bauer und Jakob miteinander gesprochen hatten, kamen der Junge und Fan auf den Hof des Bauern. Sie waren beide sehr stolz, daß der Bauer ihnen dieses wichtige Amt anvertrauen wollte. Die paar Schafe zu hüten war doch eine Kleinigkeit für ihn und Fan!

Der Bauer forderte den Jungen als erstes auf, die Herde zusammenzutreiben. Er wollte sehen, wie der neue Hütejunge sich abei anstellte. Der rannte mit seinem Hund los. Fünf Minuten später standen der Junge und sein Hund mit stolzgeschwellter Brust wieder vor dem Bauern, dem alten Jakob und Tan, der ihnen zu Füßen lag und ebenso wie die beiden den Jungen und Fan beobachtet hatte.

Unbemerkt von den anderen hatte, versteckt im Gebüsch, aber auch noch ein Vierter dem Versuch des Jungen zugesehen. Und das war Jack-of-the-Lantern. Jack war ein richtiger Kobold, der mit seiner Laterne eine Menge Unfug anstellen konnte, wenn er sich über Menschen ärgerte. Jakob und seinen Hund Tan kannte er schon sehr lange. Er hatte sich nachts oft mit seiner Laterne auf das Schuppendach des alten Schäfers gesetzt, um sich dort zu wärmen. Und immer holte er sich dabei auch ein Näpfchen mit Schafsmilch, das der Alte ihm hinzustellen pflegte. Jakob war sein Freund, weil er immer sorgsam alles bedachte, was Jack Kummer bereitete, und stets Trost und Hilfe für ihn wußte.

Was Jack-of-the-Lantern aber nun mit dem neuen Hütejungen erleben mußte, wollte ihm gar nicht gefallen. Die armen Schafe, die von dem Burschen und Fan kreuz und quer über die Wiese gejagt wurden, taten ihm sehr leid. Und nicht nur ihm.

„Alles nur Gekläffe und Gejage und Gepfeife!" schimpfte der Bauer. „Das mögen die Schafe nicht. Wenn du es so anfängst, wirst du nur Ärger haben. Du wirst schon sehen, die Tiere vergessen nichts!" Und, zu Jakob gewandt, fügte er grimmig hinzu: „Zeig du es ihnen!"

Der alte Schäfer nickte und murmelte leise: „Sie haben ein krankes Mutterschaf in ihrer Mitte, hol es heraus, alter Tan!" Sein kluger Hund schlich sich langsam hinter die Schafe, die unruhig mit den Beinen stampften und durcheinanderliefen. Dann legte er sich hin und wartete. Die Schafe, die ihn alle kannten, beruhigten sich und begannen zu grasen. Jetzt konnte Tan langsam in die Herde hinein und das lahmende Tier herausholen. Die Schafe fühlten sich so sicher mit Tan, daß keines der Tiere auch nur den Kopf hob.

Ja, so klug und behutsam waren die beiden, der alte Jakob und sein Schäferhund! Der Junge in seiner Überheblichkeit hielt sie dennoch für ein bißchen dumm. Schließlich pfiff der Alte nie, sprach, wenn's hochkam, zehn bis zwölf Worte, und auf den greisen Köter, wie er Tan heimlich bei sich nannte, war wohl auch kein Verlaß. Der Junge war sehr eingenommen von sich und verstand nicht, daß er in seiner Verblendung mit den Tieren nicht einmal halb so gut umgehen konnte wie Jakob und Tan. Und seinen Hund Fan erzog er deshalb auch nicht richtig, sondern brachte ihm lediglich bei, die Schafe zu jagen und zu ärgern und viel zu kläffen.

Der alte Jakob, der das Verhalten des Jungen über viele Tage hinweg kopfschüttelnd betrachtete und sich alle Mühe mit ihm gab, wollte schier verzweifeln. Dabei war er noch viel geduldiger als der Bauer, der am liebsten mit der Lederpeitsche dazwischengefahren wäre und eine große Wut auf den Jungen hatte. Einmal, es war schon im Winter, hatte der Junge bei Nebel und Schnee ein paar Schafe verloren. Hätte Jakob gesehen, durch welche Ungeschicklichkeit des Jungen und seines Hundes Fan das geschehen konnte, wäre er bestimmt auch wütend geworden. Vor allem, weil der neue Gehilfe den alten Tan getreten hatte, der ihn mit seinem zahnlosen Gebiß dafür noch nicht einmal ins Bein beißen konnte. Aber Jakob hatte es ja nicht gesehen.

Aber ein anderer hatte die Frechheit beobachtet! Auch diesmal war Jack-of-the-Lantern nichts entgangen, ein Kobold hat seine Augen eben überall. Eine Unverschämtheit war es, wie dieser Lümmel mit dem guten alten Hund umging! War er doch zu dumm und zu ungezogen, um die

Schafe zu hüten! Na, der sollte etwas erleben, er würde ihn schon lehren, so mit seinen Freunden umzuspringen!

Jack-of-the-Lantern sprang entschlossen vom Schuppendach, von dem aus er alles mitangesehen hatte und schlich heimlich hinter dem Jungen her. Fortan lauerte er auf eine günstige Gelegenheit, um ihn zu bestrafen.

An einem nebligen kalten Winterabend, als gerade ein dichtes Schneetreiben begonnen hatte, war Jacks Stunde gekommen. Des Jungen Hund, Fan, warf, ungebärdig und unerzogen wie sie war, wieder einmal das Milchnäpfchen um, das Jakob gerade für Jack-of-the-Lantern gefüllt hatte. Jack, der im Gebälk des Schuppens saß und erbärmlich fror, hatte sich so sehr auf die schöne warme

Milch gefreut. Da packte ihn die Wut! Na warte! Er nahm seine Laterne und lockte mit ihrem Schein den Jungen und seinen Hund vor die Türe. Wie gebannt folgten sie dem Licht. Pechschwarz war die Nacht, kein Stern war zu sehen. Noch nicht einmal die dicken Schneeflocken konnten sie in der Dunkelheit sehen, nur spüren, wie sie mehr und mehr von ihnen eingehüllt wurden. Wie lange sie dem tanzenden gelben Licht vor ihnen schon gefolgt waren, wohin es sie führte, wußten sie nicht, als plötzlich der Boden unter ihnen nachgab und sie sausend und sich überschlagend einen Abhang hinab stürzten.

Als das Schneetreiben sich beruhigt hatte, fiel Tan auf, das der Hütejunge und Fan nicht mehr da waren. Das Tier zupfte Jakob am Ärmel und scharrte mit den Pfoten. Eilig lief der Schäfer zum Bauern, und der alarmierte das ganze Dorf. Alle machten sich auf die Suche, der alte Hund Tan humpelnd vorneweg.Sie suchten im Gebüsch und am Dorfweiher und konnten sie nicht finden. Endlich aber hatte Tan ihre vom Schnee fast bedeckte Spur gefunden.

Zitternd vor Furcht und Kälte kauerten sich die beiden Vermißten derweil gegen einen großen Stein. Der Hütejunge hatte einen Arm um Fan gelegt. Im Schneetreiben waren sie wohl die Klippen hinabgestürzt, Gottseidank hatten sie sich bei ihrer Rutschpartie nicht schwer verletzt. Nur ein paar Schritte von ihnen entfernt brachen sich die tosenden Wellen der stürmischen See. Wären sie nur einige Meter weiter zu Fall gekommen, wären sie ins Meer gestürzt und beide jämmerlich ertrunken!

Warum hatte er aber auch nur den Schuppen verlassen? Es war dem Hütejungen so gewesen, als habe ihn etwas herausgerufen, und jetzt konnten sie in der Dunkelheit weder den Abhang hinaufklettern noch den Weg zurück finden. Der Wind pfiff ihnen immer bedrohlicher um die Ohren, seltsame Schatten jagten ihnen Angst ein. Ach, dachte der Junge, wenn er doch nur wieder beim alten Jakob wäre, er wollte ihn auch nie mehr verspotten oder gar Tan treten. Wenn sie ihn jetzt nur finden würden! So schwor der freche Bursche hoch und heilig Besserung, sollten er und Fan nur aus diesem Unglück erlöst werden.

Stunden später hörten sie Tans heiseres Bellen am Klippenrand über sich. Fan winselte und bellte übermütig. Bald waren Jakob und die Dorfbewohner da und halfen ihnen, an hinabgeworfenen Stricken hinaufzuklettern. Weinend fiel der Junge Jakob um den Hals und gelobte unter Tränen, daß er jetzt ein guter und freundlicher Schäfer werden würde. Später, im warmen Schuppen, erzählte er seine Geschichte. Der alte Jakob hörte aufmerksam zu und meinte, daß das nur der berüchtigte Jack-of-the-Lantern gewesen sein könnte, der schon so viele Menschen in Cornwall mit seinem Licht in die Irre geführt hätte.

Der Junge aber vergaß seine guten Vorsätze nie mehr. Er hatte gelernt, daß man als guter Schäfer nicht nur viel Geduld und gute Freunde im Diesseits und im Jenseits haben muß, sondern auch Achtung vor dem Leben, und wenn es noch so alt und schwach und nutzlos scheint. Und am Ende wurde er doch noch ein fast so guter Schäfer wie einst der alte Jakob. ♦

Logan Stone

Das Märchen vom Stier, der die falsche Hochzeit verhinderte

♦

Es ist noch gar nicht so lange her, vielleicht ein paar hundert Jahre, da lebte in Cornwall ein berühmter Balladensänger mit Namen Richard Nancollas von St. Austell. Er wurde jedoch von allen nur „Dick der Reimer" genannt, denn er besaß die Gabe, alle Geschichten sofort in Verse umzuwandeln. Außerdem konnte er Märchen erzählen wie kein anderer und kannte noch viel vom magischen Wissen seiner Ahnen. Dick zog sein ganzes Leben lang von Ort zu Ort; als er alt geworden war, begleitete ihn sein Enkel. Der war ein kleiner, zarter Junge, der es meisterhaft verstand, den Gesang des Alten auf der Fiedel zu begleiten. Die beiden waren überall gern gesehene Gäste. Man lud sie in jedes Haus und als Bezahlung für Unterkunft und Verpflegung verschenkte Dick ein Lied oder ein Märchen.

Eines Tages, als die beiden Wanderer in Treryn auf Land's End zu einer Hochzeit aufspielen und die Gäste mit ihren Geschichten unterhalten sollten, geschah es, daß auf dem Wege dorthin ein furchtbares Unwetter ausbrach. Es überraschte die beiden auf freiem Feld, unweit des Logan Stone, des steinernen Riesentisches.

Der Alte wußte wohl, daß Donner und Blitz dem großen Stein nichts anhaben konnten. So beeilte er sich, mit seinem Enkel den Schutz des seltsamen Felsens zu erreichen. Zwar sah der Logan Stone so aus, als könne der kleinste Windhauch ihn umpusten, dennoch hatte er, wie durch ein Wunder, seit urdenklichen Zeiten seine Form nicht verändert. Jedermann wußte, daß das Einzige, was diesen Stein gelegentlich zu einem leichten Schwanken bewegen konnte, die zarte Berührung eines Menschen war, der noch nie gelogen hatte. Als Dick und sein Enkel nun endlich unter dem überragenden Stein angekommen waren, lehnte sich der Junge aufatmend gegen den Felsen. Im gleichen Moment erbebte dieser leise. Der Alte freute sich sehr, mußte aber auch lächeln, weil der Stein sich nicht bewegte, wenn er selbst ihn berührte.

Sie schüttelten den Regen aus ihren Kleidern, machten es sich auf dem trockenen Plätzchen gemütlich und lauschten dem Rauschen des Regens. Dann und wann zuckten sie zusammen, wenn ein greller Blitz den düsteren Himmel spaltete und fürchterliche Donner krachten. Obwohl das Unwetter so schrecklich toste, daß sie kaum einige Schritt weit sehen konnten, vermeinten sie durch den Regenschleier einen dunklen Schatten zu erkennen, der sich ihnen näherte. Sie erschra-

ken noch mehr, als plötzlich ein schwarzer Stier vor ihnen stand. Ihr Schrecken wandelte sich jedoch in Staunen, als der Stier mit menschlicher Stimme zu ihnen sprach: „Habt keine Angst! Ich bin der Stier von Logan Stone. Ich bitte euch, helft mir, die Hochzeit, zu der ihr unterwegs seid, zu verhindern. Die Braut ist mein, und der Bräutigam ist in Wirklichkeit ein Lügner und Betrüger. Er hat mich in einen Stier verzaubert, weil er selbst meine Liebste heiraten wollte."

Dick und dem Jungen verschlug es die Sprache. Der Alte hatte gewußt, daß hier manchmal ein Stier erschien, aber eigentlich nur um Mitternacht, und jetzt war es früher Tag. Er faßte sich aber bald. Der schwarze Stier tat ihm sehr leid, und er wollte ihm gerne helfen; es wollte ihm

aber nicht einfallen, wie er die Hochzeit verhindern könne. So fragte er den Stier etwas ratlos, wie sie es denn wohl anstellen sollten, den falschen Bräutigam zu überführen und die Wahrheit ans Licht zu bringen. Ungeduldig, da die Zeit drängte, scharrte der Stier mit den Hufen und schnaubte: „Ihr wißt, daß der Logan Stone die Wahrheit offenbart. Bringt die ganze Hochzeitsgesellschaft hierher und stellt dem Bräutigam drei Fragen. Während er sie beantwortet, soll er den Fels an seiner schwächsten Stelle berühren. Dann werden wir ja sehen, ob der Fels sich bewegt!" Er verriet Dick dem Reimer die drei Fragen und verschwand dann im Regen.

Allmählich ließ das Gewitter nach, und Dick und sein Enkel machten sich auf den Weg zu dem

Hof, auf dem die Hochzeit stattfinden sollte. Als sie ankamen, wartete bereits eine große Hochzeitsgesellschaft. Die Braut war noch nicht zu sehen, aber der Bräutigam lief bereits herum und gab mit barscher Stimme seine Anweisungen.

Dann kam die Braut. Sie war tief verschleiert, weil sie geweint hatte um ihren Liebsten, der vor einiger Zeit auf einmal spurlos verschwunden war, und weil sie nun einen anderen Mann heiraten sollte. Der Hochzeitszug formierte sich nach den Klängen der Geige. Die Braut trat mit ihrem zukünftigen Gemahl vor die Gäste. Als der Dorfälteste das Brautpaar gerade zusammengeben wollte, rief Dick laut und vernehmlich: „Haltet ein! Der Bräutigam ist es nicht wert. Er ist ein Lügner und Betrüger. Traut sie am Logan Stone, und alle werden es sehen!"

Da erhob sich lautes Gemurmel und Rufe. Die gesamte Hochzeitsgesellschaft war sehr erstaunt über Dick, der den Bräutigam so schwer beschuldigte. Man besann sich aber des alten Glaubens und folgte seinem Vorschlag. Alle begaben sich zum Logan Stone, wo der Bräutigam auf Geheiß Dicks zögernd seine Hand an den Felsen legte. Dann stellte der alte Sänger dem falschen Bräutigam die erste Frage, wie es ihn der schwarze Stier geheißen hatte. Sie lautete: „Wirst du dein Weib dein Leben lang ehren und ihr die Treue halten?" Der Mann bejahte dies, aber der Fels rührte sich nicht. „Hast du dein Vermögen ehrlich und redlich erworben?" lautete die zweite Frage. Auch dies bejahte der Mann, und der Stein rührte sich nicht. Und Dick stellte die dritte, entscheidende Frage. „Hast du eben die Wahrheit gesagt?" Als der Bräutigam auch diese Frage bejahte und die Säule sich immer noch nicht rührte, erschien auf der Spitze des Logan Stone der schwarze Stier und verwandelte sich vor den Augen der erstaunten Hochzeitsgäste in einen schönen, starken jungen Mann. Er sprang von den Felsen herunter, umfaßte den Logan Stone an seiner schmalsten Stelle und sagte: „Ich liebe dieses Mädchen seit vielen Jahren und werde sie in Treue ehren bis an mein Lebensende!" Da erzitterte der Stein, und jedermann erkannte, daß der junge Mann die Wahrheit gesagt hatte. Der falsche Bräutigam aber suchte flugs das Weite, und der Dorfälteste traute das glückliche Brautpaar. Die beiden gingen in ein anderes Land, wo sie gewiß sehr glücklich geworden sind. ♦

Tattercoats

Das Märchen von
der Gänsemagd und dem Prinzen

♦

In einem großen, einsam gelegenen Schloß am Cornischen Meer lebte einst ein reicher, alter Lord, der weder Frau noch Kinder hatte. Nur eine kleine Enkeltochter war ihm geblieben, bei deren Geburt die Mutter, des Lords Lieblingstochter, gestorben war. Er haßte deshalb das Kind so sehr, daß es ihm nie unter die Augen treten durfte. Er drehte ihm für immer den Rücken zu, setzte sich an ein Fenster seines Schlosses und starrte trübsinnig hinaus aufs Meer. Da saß er nun, Jahr um Jahr, und Tränen rannen ihm beständig über das Gesicht. Seine weißen Haare und auch sein Bart wurden länger und länger, wickelten sich bald um die Stuhlbeine und wuchsen in den Boden hinein.

Während all der Jahre wuchs seine Enkeltochter auf. Sie war ein liebes, sehr hübsches Kind, das zu allen Menschen stets freundlich war. Aber niemand kümmerte sich um sie, um ihre großen und kleinen Sorgen, ihre Kleidung, ihr Essen. Das kleine Mädchen weinte oft bitterlich in seiner Einsamkeit. Manches Mal betrachtete sie heimlich von einem Versteck aus ihren Großvater, wie er da auf seinem Stuhl vor dem Fenster saß. Abends, vor dem Einschlafen, wünschte sie sich oft, daß er doch endlich sein Verhalten ihr gegenüber ändern möge; sie malte sich aus, wie glücklich sie zusammen auf dem Schloß sein könnten. Allein, er beachtete sie nie.

Einzig eine alte Magd, die das Kind sehr mochte, steckte ihm manchmal Küchenabfälle zu. Sie mußte dabei sehr vorsichtig sein, damit es niemand bemerkte, denn sonst hätte der Lord sie sicherlich streng bestrafen lassen. Einmal, als das Kind nur noch ein Kleidchen hatte, das ihm längst zu klein geworden war und das Schloß kaum mehr verlassen konnte, da es sonst erfroren wäre, gab sie ihm auch einen zerrissenen Unterrock. Seit das Mädchen den Lumpen trug, lachten die Diener es noch mehr aus und nannten es nur noch Tattercoats. Dabei zeigten sie mit dem Finger auf ihren schäbigen Rock und ihre bloßen Füße, bis es sich schämte und versteckte.

Tattercoats hatte einen einzigen Freund, den Gänsehirten, der so lustig auf der Flöte spielen konnte, daß sie, wann immer er aufspielte, Hunger, Kälte und Kummer vergaß und sogleich mit einer Gans oder einem Gänserich zu tanzen begann.

So gingen einige Jahre ins Land. Tattercoats war zu einem schönen jungen Mädchen herangewachsen. Eines Tages erzählte ihr die alte Magd,

die nun auch viel älter geworden war, daß Herolde des Königs durch das Land reisten, um zu verkünden, daß der König eine Gemahlin für seinen einzigen Sohn suche. Auch zum Schloß des alten Lords hatte ein Bote in roter Uniform eine Einladung zu dem großen Ball im Garten des Königspalastes gebracht. Der Hofmarschall des Lords, dem sein trauernder Herr sehr leid tat, brauchte viele Tage, um ihn zu überzeugen, daß er eine Einladung seines Königs nicht ausschlagen dürfe. Der alte Lord trocknete also seine Tränen, ließ sich von Stuhl und Fußboden, mit denen er inzwischen ganz verwachsen war, losschneiden, und schickte nach Prunkgewändern und Juwelen. Er befahl, seinen Schimmel golden und silbern aufzuzäumen und ließ sich in den Sattel heben.

Tattercoats, die ihren Großvater bei seinen Vorbereitungen beobachtet hatte, war unsäglich traurig, weil sie nicht auch zum Ball gehen durfte. Sie malte sich die Ballkleider der Tänzerinnen aus und hätte so gerne einmal nach der Musik des königlichen Orchesters getanzt. Der alten Magd tat der Kummer von Tattercoats von Herzen leid. Mutig stellte sie sich vor das Pferd ihres Herrn und bat für ihren Schützling. Der Lord aber schüttelte nur böse sein Haupt und bedeutete der Magd, sich zu entfernen. Sie bat abermals und noch ein drittes Mal, aber alles Bitten konnte sein Herz nicht erweichen. Betrübt kehrte sie in die

Küche zurück, aber Tattercoats, die alles mitangehört hatte, war schon vom Koch hinausgejagt worden und zum Gänsehirten gelaufen.

Ihm klagte sie ihr Leid und wollte sich vor Kummer gar nicht beruhigen. Da sagte er zu ihr: „Sei nur getrost. Wir gehen zusammen in die Stadt und werden uns den Königssohn ansehen." Und als sie zweifelnd an ihren Lumpen heruntersah und auf ihre bloßen Füße blickte, da spielte er, um sie zu trösten, ein paar Töne auf seiner Flöte. Gleich vergaß sie alles und tanzte wieder fröhlich lächelnd mit ihm auf der Straße zur Stadt.

Unterwegs holte ein schöner, junger Mann sie ein. Er erkundigte sich bei ihnen nach dem Weg zum Schloß des Königs, und da sie den gleichen Weg hatten, luden sie ihn freundlich ein, sich ihnen anzuschließen. Der Jüngling tat dies gerne. Und so setzten sie zu dritt ihre Wanderung in die Stadt fort, und der Weg war ihnen nicht lang, denn der Gänsehirt spielte unermüdlich auf seiner Flöte. Der Jüngling, der Tattercoats unentwegt in ihr schönes fröhliches Gesicht schaute, verliebte sich in sie und bat sie, noch bevor sie am Schloß angekommen waren, ihn auf der Stelle zu heiraten.

„Man wird dich auslachen, wenn du eine Gänsemagd heiratest", antwortete sie ihm, „frag eine der feinen Ladies heute abend beim Ball, und mache dich nicht über die arme Tattercoats lustig."

Aber je mehr sie sich weigerte, desto lieblicher spielte der Hirt auf der Flöte, und den Jüngling ergriff ein immer stärkeres Sehnen und Verlangen. Als sie am Königsschloß angekommen waren, bat er sie inständig, doch wenigstens einen einzigen Tanz um Mitternacht mit ihm zu wagen. Es sei ihm ganz gleich, daß sie nur ein Kleid aus Lumpen habe. Dann wolle er sie dem König als seine Braut vorstellen.

Schließlich gab Tattercoats seinem Drängen nach und versprach, ihm diesen einen Tanz zu gewähren.

Glücklich verabschiedete sich der Jüngling von ihnen und ermahnte Tattercoats nochmals herzlich, ihre Zusage nicht zu vergessen. Der Gänsehirt und das Mädchen schauten den Gästen zu, die in prunkvollen Kutschen und auf edlen Pferden zum Feste kamen. Vergeblich mühten sie sich, einen Blick auf den Königssohn zu erhaschen. Schon begann es zu dunkeln, und festliche Musik erklang aus dem Schloß.

Als die Turmuhr Mitternacht schlug, erinnerte sich Tattercoats an ihr Versprechen. Zögernd, weil sie sich ihrer Lumpen schämte, betrat sie den mit tausend Lichtern hell erleuchteten Ballsaal, gefolgt von dem Hirten und seinen Gänsen.

Erstaunt wich die Menge zurück und bildete eine Gasse bis zum Thron für die seltsamen Gäste. Die vornehmen Damen tuschelten und kicherten, und es war Tattercoats, als habe eine besonders schön gekleidete auch die Nase gerümpft. Da sie dem Jüngling aber versprochen hatte, einmal an diesem Abend mit ihm zu tanzen, nahm sie ihren ganzen Mut zusammen und ging weiter durch die Gruppen der Tänzer, um ihren Weggefährten vom Tag zu suchen.

Da stand sie plötzlich vor dem Thron des Königs. Wie erstarrte ihr Herz vor Schreck, als sie sah, daß der schöne junge Mann an seiner Seite der Gesuchte war. Der Jüngling, dem sie den Tanz um Mitternacht versprochen hatte, war der Königssohn!

„Vater", sagte der Prinz und erhob sich aus seinem goldenen Sessel, „ich habe meine Wahl getroffen. Und ich verkünde feierlich vor allen Anwesenden: Dies ist meine Braut, das schönste und lieblichste Mädchen in ganz Cornwall."

Noch bevor er zu Ende gesprochen hatte, ertönte erneut die Flöte des Gänsehirten. Da fielen plötzlich die Lumpen von Tattercoats ab, und sie stand da in einer kostbaren Robe, über und über mit den erlesensten Perlen und Edelsteinen geschmückt, schöner, als man sie je gesehen hatte. Eine goldene Krone saß auf ihren hellen Locken, und die Gänse, die sich in Pagen verwandelt hatten, trugen die lange Schleppe ihres Gewandes.

Da erhob sich der König, um sie als seine Tochter in die Arme zu schließen. Laut erschollen ihr zu Ehren die Fanfaren, und im Saal und auf den Straßen jubelte das Volk: „Er hat sie gefunden!"

Tattercoats und ihr Prinz fielen sich in die Arme und waren überglücklich. Am nächsten Tag wurde Hochzeit gefeiert, und das ganze Land freute sich mit dem Brautpaar.

Der Gänsehirt aber war seit dem Ballabend verschwunden. Einer der Pagen hatte Tattercoats am Hochzeitsmorgen seine Flöte überreicht, und so wußte sie, daß er an sie dachte und mit ihr glücklich war. Man hat ihn nie wieder gesehen.

Der störrische, alte Lord kehrte zurück in seinen Palast am Meer. Bei Hofe konnte er nicht bleiben, denn da hätte er seiner Enkeltochter ins Gesicht sehen müssen. Und so sitzt er heute noch weinend da und blickt über die Cornische See, obwohl das Schloß schon längst ganz verfallen ist. ♦

Die Tränenkrüglein der Piskies

Das Märchen von
der unglücklichen Tränen-Tracy und ihrem Peter

♦

In St. Levan, in der Nähe des Logan Rock, ganz im Westen von Cornwall, lebte einmal ein hübsches junges Mädchen, das jedermann im Ort kannte. Sie hieß Tracy, aber weil sie den ganzen Tag lang nur weinte, wurde sie von allen bald nur noch „Tränen-Tracy" genannt. Sie trauerte um ihren Geliebten Peter, der vor einigen Jahren zur See gefahren und nie zurückgekehrt war. Alle im Dorf dachten, daß er ertrunken sei, nur die schöne Tracy war überzeugt davon, daß Peter noch lebe und sie nur vergessen habe. Nichts konnte sie von ihrem Kummer abbringen, kein Trost erreichte ihr Herz. Tagsüber saß sie am Fenster, und wenn die Regentropfen gegen die Scheiben schlugen, so daß die Nachbarhäuser kaum noch zu sehen waren, so war es, als wolle Tracy mit ihren Tränen das Weinen des Himmels noch übertreffen. Den meisten Menschen tat sie sehr leid, und da sie wirklich sehr schön und anmutig war, fehlte es ihr trotz ihrer rotgeweinten Augen auch nicht an Bewerbern. Tränen-Tracy aber schickte sie alle nach Hause, denn sie war sich sicher, daß Peter eines Tages wiederkommen und sie zu sich holen würde, ganz gleich, wo auch immer er jetzt gerade wäre.

Die vielen, vielen Tränen, die sie um ihrer Liebe willen vergoß, sammelte sie, wie es in der Gegend Brauch war, in einem Krüglein, das sie vor Anbruch der Nacht den Piskies hinstellte. Die Piskies halfen den Menschen in Cornwall oft, wenn man ihnen kleine Geschenke machte, und Tränen waren für diese winzigen Wesen, die selbst nicht weinen konnten, kostbarer als Gold und Edelsteine. Wenn Tränen-Tracy morgens erwachte, war das Krüglein immer leer.

Eines Abends hatte sie aber doch vergessen, das kleine Gefäß wie gewohnt hinauszustellen. Um Mitternacht erwachte sie und es war ihr, als ob sie in der Dunkelheit leise, trippelnde Schritte hörte. Plötzlich vernahm sie von der Fensterbank her ein hohes Fistelstimmchen: „Rasch! Gib uns das Krüglein, das du heute vergessen hast, wir brauchen es. Du wirst schon sehen, was wir daraus machen, und vielleicht wirst du es selbst eines Tages brauchen können!" Erschrocken lief Tränen-Tracy in die Küche und holte das Gewünschte aus dem Schrank, wo sie es verwahrt hatte. Als sie das Krüglein ans Fenster stellte, wurde es von einer unsichtbaren Hand ergriffen und verschwand in der Dunkelheit der Nacht.

Einige Wochen später, als Tränen-Tracy über ihrem Kummer diese seltsame Begebenheit mit

dem kleinen Pisky schon fast vergessen hatte, fand sie nach dem Aufstehen mitten auf dem Küchentisch einen Tiegel mit Salbe, deren wunderbarer Geruch den ganzen Raum erfüllte. Sie konnte sich nicht erklären, wie das Gefäß dorthin gekommen war und aus was der geheimnisvolle, betörend duftende Inhalt bestand. Sie rätselte den ganzen Tag darüber, und das Geheimnis ließ sie nachts nicht einschlafen. So sehr sie auch grübelte, es wollte ihr nichts einfallen. War es vielleicht Gift oder doch eine Heilsalbe? Da vernahm sie wieder das feine hohe Stimmchen, das sie schon vor vielen Nächten einmal gehört hatte. Das flüsterte ihr zu: „Reibe ein wenig von dieser Salbe auf dein linkes Auge. Dann wirst du Dinge sehen, die gewöhnliche Sterbliche niemals er-

blicken. Wir brauchen deine Hilfe, denn eine von uns ist in Kindsnöten."

Tränen-Tracy tat, wir ihr geheißen ward. Als sie ihr linkes Auge wieder öffnete, sah sie, daß sie vom kleinen Volk der Piskies umgeben war, und eine ihrer Frauen lag im Kindbett. Tracy half ihr, so gut sie es eben vermochte und als das Kleine geboren war, freuten sich alle, lachten und tanzten einen Reigen. Die Piskies hofften aber wohl, daß Tränen-Tracy wieder weine, denn bald darauf setzten sich alle erwartungsvoll im Kreis um sie herum und hielten ihr viele Tränenkrüglein entgegen. Doch da stapften mit einem Mal schwere Schritte vor dem Haus. Tränen-Tracy und das kleine Volk erstarrten vor Schreck. Die Tür ging auf, und herein trat Peter, Tracys verschollener

Geliebter. Er war vollkommen durchnäßt und sehr bleich. Seine Haare und Kleider waren von oben bis unten mit Tang und Muscheln bedeckt. Wortlos streckte er Tränen-Tracy seine eiskalte Hand entgegen. Von Schrecken überwältigt, schloß Tracy ihre Augen, denn sie konnte Peters Anblick nicht ertragen. Als sie nur das rechte Auge vorsichtig wieder öffnete, war niemand mehr in der Stube zu sehen. War Peter wirklich tot? Sie fürchtete sich sehr, denn sie wußte nicht, welchem ihrer beiden Augen sie trauen sollte. Sie nahm all ihren Mut zusammen und als sie schließlich beide Augen wieder öffnete, sah sie, wie Peter ihr mit der anderen Hand ein Zeichen gab, ihm zu folgen. Mit sanfter Stimme sprach er: „Täglich war ich bei dir, Liebste, aber du hast mich nicht gesehen. Komm mit, wir wollen Hochzeit halten auf hoher See!" Da faßte sie sich ein Herz und folgte ihm, denn ihre Liebe war sehr groß.

Die entsetzten Piskies aber, die wohl erschrocken darüber waren, daß Tränen-Tracy sie verlassen wollte, versuchten, sie am Rocksaum festzuhalten. Sie wollten ihre neue Hebamme nicht gehen lassen, denn sie waren ihr sehr dankbar. Und woher sollten sie dann die vielen Tränen nehmen, die sie zur Herstellung ihrer wunderbaren Salbe brauchten?

Tränen-Tracy jedoch riß sich los und lief mit Peter zum Hafen. Sie stiegen in ein kleines Boot und ruderten aus der Felsenbucht hinaus aufs Meer. Als sie aber gerade die letzten Klippen erreicht hatten, bekam das Boot einen fürchterlichen Stoß und kenterte. Die beiden Liebenden ertranken jämmerlich.

Eine Fistelstimme aber wisperte noch lange über die Gewässer von St. Levan: „Weint alle für uns um die Seelen von Peter und Tränen-Tracy." ♦

Tregeagles Schicksal

Das Märchen von
dem Geist, der keine Ruhe findet

♦

Wer hat nicht schon einmal vom wilden Gespenst Tregeagle gehört? Es geistert noch heute durch die Moore, die Felsklüfte und die sturmwindzerzausten Sanddünen von Cornwall. Ruhelos heulend und stöhnend wandert es von Land's End aus durch das ganze Land, immer auf der Flucht vor seinen dämonischen Feinden, immerwährend bis zum Ende aller Zeiten.

Jedermann in Cornwall kennt Tregeagles Geschichte. Man erzählt sich, daß Tregeagle ein Sproß der Tregeagles vom Landsitz Trevorder bei Bodmin gewesen sei. Er soll ein abgrundtief schlechter, gemeiner Mensch gewesen sein, und dieser Ruf war weit über die Grenzen Cornwalls gedrungen.

Tregeagle war sehr reich gewesen. Mit seinem vielen Geld hatte er sich das Amt des Richters erkauft, das er auf das Übelste mißbrauchte. Er soll seine eigene Schwester, dann seine Frau und alle seine Kinder umgebracht und als Gutsherr seine Pächter habgierig und gewissenlos ausgebeutet haben. Viele Untertanen waren das Opfer seiner Grausamkeit.

Als Tregeagle eines Tages starb, war das Land von einem wirklichen Ungeheuer befreit, dessen Name allen, die ihn vernahmen, ein unerträglicher Greuel war. Das Volk freute sich sehr, lachte und tanzte auf den Straßen, als es vom Tod des Tyrannen erfuhr und niemand wunderte sich, daß viele Teufel Tregeagles harrten, um sich der Seele, die sie schon längst gewonnen hatten, zu versichern. Hätte man es nur geahnt, daß mit seinem Tod erst ein Schrecken ohne Ende beginnen würde!

Es war Jahrhunderte später, als sich in derselben Gegend um Bodmin ein Rechtsstreit zwischen zwei Familien erhob. Beide Parteien beanspruchten für sich die Ländereien, die einst Tregeagle gehört hatten. Der Streit schien unlösbar und wurde nur noch komplizierter, als jemand behauptete, Tregeagle habe zu seiner Zeit als Richter bereits Akten und Urkunden zu seinen Gunsten verschwinden lassen, so daß heute niemand sagen könne, wer in diesem Streit recht habe. Allmählich kamen während des Prozesses immer schlimmere Geschäfte des Schurken von damals ans Tageslicht. Als die ganze Angelegenheit so kompliziert schien, daß auch der weise alte Richter nicht mehr wußte, wie er nun entscheiden sollte und es immer mehr so aussah, als habe der Beklagte die Unwahrheit gesagt, da bat der Verzweifelte darum, daß noch ein weiterer Zeuge gehört werde. Dieser könne beweisen, daß er, der Beklagte, recht habe.

Es entstand eine seltsame Stille im Raume. Die Luft wurde schwer, keiner wagte zu husten, schon gar nicht, etwas zu sagen. Man spürte, daß etwas Schauriges vor sich ging, und alle Anwesenden waren gelähmt vor Furcht. Sie trauten ihren Augen nicht und hielten vor Schreck den Atem an, als ein bleicher, fast durchscheinend wirkender, sehr, sehr alter Mann sich mühsam zur Zeugenbank schleppte. Der Richter fragte ihn mit bebender Stimme nach seinem Namen, und der Mann sagte mit einer kalten Greisenstimme: „Tregeagle“. Es war, als sei ein eisiger Schauer durch den Gerichtssaal gefahren, aber die Leute zitterten nicht nur vor Kälte.

Nachdem die Versammlung sich halbwegs von ihrem Schrecken erholt hatte, begann ein langes und erschütterndes Verhör. Das Ergebnis war die Enthüllung eines raffinierten Betruges, dessen Opfer der ehrliche Beklagte geworden war. Die Geschworenen entschieden ohne Zögern zu seinen Gunsten.

Als alles vorüber war, erwartete jeder, daß der schreckliche Geisterzeuge sich nun auch wieder entfernte. Der aber konnte sich nicht mehr vom Fleck rühren. Ein gewaltiger unsichtbarer Kampf tobte um Tregeagle. Der krümmte und wand sich hin und her, beugte sich vor, daß seine spitze, bleiche Nase fast den Boden berührte und wurde dann von unsichtbaren Händen mit einem Ruck wieder nach hinten gerissen, so daß man seine morschen Knochen knacken hörte. Nur seine Füße rührten sich nicht vom Fleck, gleich als ob sie festgeleimt wären.

Es waren nämlich nach der Gerichtsverhandlung einige Teufel erschienen, um den Missetäter zurück in die Hölle zu holen. Zugleich aber kamen Engel ihm zur Hilfe und kämpften jetzt mit den Teufeln um die Seele des Sünders. Da Tregeagle die Wahrheit über seine Schrekkenstaten gesagt und damit reuig dem Beklagten zur Seite gestanden hatte, sahen die Engel es nicht ein, Tregeagle wieder dem Teufel zu überlassen.

Der Kampf zwischen den Himmels- und Höllenmächten dauerte viele Tage, ohne daß er entschieden werden konnte. Der alte Richter verlor langsam die Geduld, denn da die Menschen nicht nur gut sind, brauchte er den Gerichtsaal wieder. Er bat die berühmtesten und weisesten Kleriker um Hilfe, und es gab lange Verhandlungen zwischen ihnen und den Advokaten, wie man den Toten loswerden könne. Da aber auch sie nicht klären konnten, wem Tregeagle nun gehörte, blieb nichts anderes übrig, als dem Geist Tregeagles eine Aufgabe zu stellen, die so schwierig war, daß sie menschliches Können

überstieg und bis in die Ewigkeit hinein andauern würde. Auf diese Weise würde Tregeagle bestraft sein, gleichzeitig würden aber weder die Engel noch der Teufel ihn für sich gewinnen können. Die Abmachung mit den Mächten von Himmel und Hölle lautete schließlich: Solange Tregeagle an irgendeiner Aufgabe rastlos arbeitete, sollte Hoffnung auf Erlösung sein, und der Teufel sollte ihn so lange nicht holen dürfen. Das kleinste Ausruhen könnte darum verhängnisvoll werden, und unermüdliches Schaffen bis in die Ewigkeit war deshalb Tregeagles unerbittliches Los.

Feierlich verurteilten der Richter, die Advokaten und Kleriker den Geist Tregeagles, die gewaltige Aufgabe anzunehmen und mit einer durchlöcherten Muschel den See von Dosmery

auszuschöpfen. Da dieser See aber bodenlos war, schöpfte Tregeagle unermüdlich eine Ewigkeit lang, ohne daß der Wasserspiegel sich auch nur um Daumesbreite gesenkt hätte. Während all der Jahrhunderte versuchten außerdem die Teufel ständig, ihn von seiner Arbeit abzulenken, und schickten die schlimmsten Versuchungen und entsetzliche Unwetter in die Gegend, und nicht nur Tregeagle, sondern auch die Bewohner der Gegend litten schwer.

Tregeagle versuchte mit aller Macht, sich nicht von der Arbeit abhalten zu lassen, aber schließlich hielt er, völlig erschöpft, dem unerträglichen Peitschen der Stürme und den Versuchungen des Satans nicht mehr stand. Aber wohin sollte er sich nun vor dem Teufel retten? Nur solange er arbeitete, war er vor ihm sicher. Seine Seele war in großer Gefahr.

In seiner Verzweiflung floh Tregeagle in die Kapelle auf der Roach-Klippe, und der Teufel war ihm schon dicht auf den Fersen. Tregeagle raste felsenaufwärts, klammerte sich mit Riesenkräften an das östliche Kirchenfenster und drückte mit letzter Kraft seinen Kopf durch die Scheiben, um sich den Schutz des heiligen Ortes zu sichern. Drinnen war es still, draußen aber peinigten die Höllengeister seinen Leib, so daß er seinen Schmerz in die Kirche hineinbrüllte.

Tregeagle hing so lange Zeit, konnte nicht vor und nicht zurück und heulte vor Pein, denn der Teufel, der seine Seele unbedingt wieder zurück haben wollte, quälte ihn unsäglich.

Schließlich kamen die Mönche von Bodmin und alle Priester der Gegend zusammen, um über Tregeagle weiter zu befinden. Schnelle Hilfe tat nicht nur um seinetwillen not, sondern auch, weil die Kirchenbesucher die Schmerzensschreie Tregeagles nicht mehr ertragen konnten.

Die Kirchenmänner überlegten sorgsam. Schließlich wollte man nicht riskieren, daß Tregeagle noch einmal an einen Ort gebracht würde, an dem er es nicht aushielt und an dem er die Bewohner mit seinem Jammern so lange ängstigen würde, bis man erneut einen neuen Platz für ihn suchen müßte. Tregeagle war es inzwischen völlig einerlei, wohin man ihn brachte, wenn er nur nicht mehr vom Teufel derart gepeinigt wurde.

Man beschloß, Tregeagle unter vielen Gebeten und Zauberformeln in eine einsame Gegend um Land's End zu bringen. Hier, so bestimmte man, sollte er von nun an Bündel aus Sand packen und Sandseile drehen, mit denen die Sandbündel geschnürt würden.

Wer die Sandmassen, die Stürme und die wütenden Wasser dort um Land's End toben gesehen hat, der weiß, daß der verzweifelte Geist jetzt eine Aufgabe hat, die bis an das Ende der Welt fortdauern wird. Und dort draußen kann er schließlich soviel jammern und schreien, wie er will.

So packt er seine Sandbündel noch heute. ♦

Der Tinner von St. Just

Das Märchen von
Tom, der die Berggeister erlöste

♦

Vor vielen, vielen Jahren, an einem schönen Morgen Anfang März – es war am Tag des heiligen St. Piran, der die cornischen Bergleute beschützt – war Tom Trevorrow auf dem Weg von St. Just ins Nachbardorf, wo seine Braut auf ihn wartete. Die Sonne strahlte vom Himmel herab, und Tom pfiff glücklich vor sich hin. Morgen würde er seine Braut heiraten, und das ganze Dorf würde mit ihnen feiern. Es würde ein wundervolles Fest werden!

Voller Vorfreude ging er festen Schrittes durch die Wiesen. Von weitem schon sah er die Zechentürme der Ballowal-Mine, die heute stillstanden, denn am Tage des heiligen Piran arbeitete niemand in den Zinngruben. Auch Tom Trevorrow war ein Tinner, wie damals die Bergmänner in den Zinngruben genannt wurden, und genauso wie die meisten Tinner war auch Tom sehr abergläubisch. Er war sich sicher, daß es tief in den Gruben Zwerge gäbe, die, wenn er sie nur gut behandelte, in den stillen Nachtstunden einen Teil seiner Arbeit verrichteten, und vielleicht würden sie ihm einmal ein Zeichen geben, ihm Erzadern und womöglich gar die Schätze zeigen, die sie hüteten. Würde er sie aber schlecht behandeln oder auch verspotten, oder einfach nur zu neugierig sein, so zerbrächen sie vielleicht sein Arbeitsgerät, ließen seinen Stollen einstürzen, entzündeten wohl gar Schlagwetter und spielten ihm ganz gewiß auch über der Erde boshafte Steiche. Immer wenn er in den Zechenstollen ein Klopfen hörte, glaubte er, daß es von den Berggeistern herrühre, denn sicherlich nannte man sie nicht umsonst in ganz Cornwall auch „Klopfer". Tom Trevorrow dachte stets, daß ein solches Klopfen ihn vor einem drohenden Unglück warnen sollte. Dann verließ er schnell die Mine, und war durch keine Macht der Welt zu bewegen, noch am gleichen Tage wieder einzufahren oder sich auch nur in die Nähe des Schachtes zu wagen.

Tom hatte es nun eilig, seine Braut in die Arme zu schließen. Voller Ungeduld nahm er eine Abkürzung über eine große Weide, um schneller zum Nachbardorf zu kommen. Knapp eine halbe Stunde würde er noch brauchen.

Plötzlich gab die Erde unter ihm nach. Bevor Tom sich noch an einem Grasbüschel festhalten konnte, stürzte er auch schon in die Tiefe. Um ihn herum wurde es finster, und Tom verlor das Bewußtsein.

Als er nach einiger Zeit wieder zu sich kam, war er noch völlig benommen. Ängstlich betastete er

seine Arme und Beine und atmete erleichtert auf, als er merkte, daß er nur ein paar kräftige Schrammen abbekommen hatte. Er mußte wohl in den Schacht eines vor langer Zeit aufgegebenen Stollens gefallen sein. Ein jäher Schreck durchfuhr ihn. Wie sollte er wieder hier herauskommen? Hoffentlich rutschte nicht noch mehr Geröll nach und begrub ihn unter sich! Alles Rufen um Hilfe würde heute nichts nützen, denn es war an diesem Tag ja niemand in der Zeche.

Tom bewegte sich sehr vorsichtig, damit kein weiteres Geröll nachstürzte, und sah sich um. Am Ende des Stollens, ziemlich weit weg, glaubte er, den schwachen Schein einer Laterne zu sehen. Behutsam tastete er sich in Richtung des Lichtscheines vor und erblickte zu seinem größten Erstaunen sieben äußerst merkwürdige kleine Geschöpfe, die mit kleinen, goldenen Hämmerchen eifrig auf den schwarzen Stein einhämmerten. So vertieft waren sie in ihre Arbeit, daß sie Tom nicht bemerkten. Sie waren etwa so groß wie ein Kind, das gerade laufen lernte, ihre Köpfe aber waren sehr groß und die Gesichter runzlig wie die von Greisen. Arme und Beine indessen waren spindeldürr und viel zu lang. Die Zwerge unterhielten sich offenbar in Versen miteinander, und Singsang begleitete die gleichmäßigen Bewegungen ihrer Arme.

Tom traute seinen Augen nicht und rieb sie einmal kräftig. Aber als er sie wieder öffnete, waren die kleinen Wesen immer noch da. Es mußten die Berggeister sein, die er bei ihrer Arbeit beobachtete! Wie seltsam waren sie anzuschauen. Sie sahen traurig aus. Keines von ihnen lachte.

Tom fiel ein, daß man sagte, daß die Berggeister für die Hölle zu gut und für den Himmel zu schlecht seien und deshalb nach dem Tode nicht wüßten, in welche Richtung sie sich wenden sollten. Die Zwerglein taten ihm auf einmal sehr leid. Wie konnte er ihnen nur helfen?

Er vergaß seine Angst und kniete nieder, um zu St. Piran für ihre Seelen zu beten. Kaum hatte er begonnen, da ließen die sieben Zwerge ihre goldenen Hämmerchen sinken und sprachen:

Bergmann Tom, du wirst sehn,
morgen wird dir Glück geschehn.

Sie winkten ihm, ihnen zu folgen, und es dauerte nicht lange, da sah er am Ende des Stollens das Sonnenlicht schimmern. Als er sich umdrehte, um den sieben Männlein zu danken, waren sie bereits verschwunden.

Rasch eilte Tom nun dem Nachbardorf zu, wollte er doch unbedingt seiner Braut von seinem Abenteuer und seiner glücklichen Rettung erzählen. Er berichtete ihr von den Berggeistern und ihrem Versprechen, und so freuten sich die beiden nun aus zwei Gründen auf den nächsten Tag.

Wieder lachte die Sonne vom Himmel, als sie Hochzeit hielten, und alle feierten ein großes

Fest. Und als Tom und seine Braut die Hochzeitsgaben bestaunten, da fanden sie sieben kleine, goldene Hämmerchen darunter, und niemand wußte, wo sie hergekommen waren. ♦

Der faule Dick

Das Märchen von
einem, der sein Glück doch noch fand

♦

Es ist viele Jahre her, wirklich schon sehr viele, da lebte in Morwenstow, oberhalb der Klippen, ein junger Bursche namens Dick. Er wohnte bei seiner Mutter in einer alten, windschiefen Hütte, durch deren morsches Dach der Regen tropfte. Da sie beide sehr arm waren, konnten sie an ihrer Hütte auch nur das Notdürftigste reparieren, und so wurde sie langsam immer baufälliger.

Beider Kleidung war armselig und schon vielfach sorgsam von der Mutter geflickt. Zu essen gab es wenig, fast immer nur Kartoffeln und Brot. An manchem Abend ging Dick mit knurrendem Magen ins Bett, wenn auch sein Hunger nie so groß war wie der seiner Mutter, die ihm immer noch einen großen Teil ihrer Mahlzeiten abgab.

Die Mutter des Burschen arbeitete unermüdlich den ganzen Tag, vom ersten Schrei des Hahnes bis nach Sonnenuntergang, um das kärgliche Brot für sich und ihren Sohn zu verdienen. Abends dann, wenn ihr schon fast die Augen zufielen, setzte sie sich noch an das Spinnrad und spann, so lange das Licht ausreichte. Dick aber, ihr Sohn, jung und viel kräftiger als sie, war so faul, daß er gar nichts tat, sonder tagein, tagaus seine Mutter für sich schuften ließ. Er lag derweil im Schatten eines Baumes auf der Wiese, sah den Wolken und den Bienen zu, oder verkroch sich im Winter hinter dem Ofen in der Hütte.

Die Mutter nahm die Faulheit ihres Sohnes lange Zeit seufzend hin, dachte sie doch, daß er mit den Jahren vernünftiger werden würde. Je älter sie aber wurde, desto schwerer fiel ihr die Arbeit, und ihre Augen wurden immer schwächer, so daß sie abends kaum mehr ihre Arbeit am Spinnrad erkennen konnte. Schließlich hatte nicht nur ihre Kraft, sondern auch ihre Geduld ein Ende. Sie erklärte ihrem Sohn, daß er von nun an sein Essen selbst verdienen müsse und auch seine neuen Hosen und das Holz, mit dem er im Winter nicht eben sparsam umging. Sonst werde sie ihn aus der Hütte hinauswerfen.

Dick lachte und glaubte ihr nicht. Aber wie erstaunt war er, als am Abend kein Teller für ihn auf dem Tisch stand, und die Mutter ihm auch kein Stück mehr von ihrem Brot gab. Und er begriff, daß er jetzt wohl selbst etwas tun mußte.

Am nächsten Morgen - sein Magen knurrte sehr, denn er hatte wieder nichts zu essen auf seinem Teller gefunden, und die Mutter hielt den Schrank gut verschlossen - machte sich Dick auf den Weg, um endlich eine Arbeit zu suchen.

Er mußte auch gar nicht weit gehen, denn schon der Bauer auf dem Hof eine Stunde entfernt suchte einen Burschen, der ihm für einen Tag bei der Ernte helfen sollte. Dafür sollte er einen Penny erhalten und mittags einen Kanten Brot.

Dicks Magen knurrte bedenklich. Also schlug er ein und arbeitete diesen Tag auf dem Feld des Bauern. Die ungewohnte Arbeit wurde ihm sehr sauer, aber sein Hunger war größer, und so mußte der Bauer, der schon wußte, daß Dick ein Faulpelz war, ihn nicht allzuoft zur Arbeit ermahnen. Mittags bekam er, wie versprochen, ein Stück Brot, in das er gleich hungrig hineinbiß, und abends den Penny, den er in die Hosentasche steckte.

Als er nach diesem Arbeitstag wieder nach Hause kam und er seiner Mutter den ersten selbst verdienten Penny geben wollte, fand er ihn nicht mehr in der Tasche. Das Geldstück war verschwunden. Dick hatte seinen Lohn für einen Tag Arbeit verloren und konnte das Geldstück auch nicht mehr finden, als er den Weg nochmals absuchte.

Seine Mutter schalt ihn sehr ob seiner Achtlosigkeit. „Warum hast du den Penny nicht in die Jackentasche getan?“ fragte sie. Dick versprach, es beim nächsten Mal zu tun. Abends gab seine Mutter ihm wiederum nichts zu essen, weil sie ihn lehren wollte, in Zukunft sorgsamer zu sein.

Am nächsten Tag verließ Dick wieder früh morgens das Haus, um sich eine Arbeit zu suchen. Der Bauer, bei dem er sich am Vortag verdingt hatte, brauchte heute keinen Knecht. Dick mußte also weitergehen.

Im nächsten Ort suchte ein Bauer Hilfe, wieder nur für einen Tag. Am Abend des Tages erhielt er dafür einen Krug voll kühler, fetter Milch und beeilte sich, damit nach Hause zu kommen, denn es war ein sehr warmer Sommerabend. Wie Dick es versprochen hatte, stopfte er nun den Krug mit der Milch in die Jackentasche. Erleichtert, daß er die Arbeit hinter sich hatte, sprang und hüpfte er nach Hause. Kurz vor der Hütte seiner Mutter gab es noch einen Bach, über den machte er einen großen Satz.

Als er bei seiner Mutter ankam, war die gesamte Milch verschüttet.

„Du bist wirklich zu dumm!“, sagte seine Mutter, „einen solchen Krug trägt man doch auf dem

Kopf und nicht in der Tasche! Außerdem springt man damit nicht in der Gegend herum!“

Dick versprach, es beim nächsten Mal so zu machen. Und auch an diesem Abend erhielt er nichts zu essen.

Am anderen Morgen mußte Dick noch weiter gehen, bis er Arbeit fand. Dieses Mal mußte er wirklich sehr hart arbeiten, und der Großknecht,

der ihn beaufsichtigte, ließ ihm rein gar nichts durchgehen. Dick sollte für seine Dienste ein großes Stück frischen weichen Käse erhalten. Dick, weil er wußte, daß seine Mutter gerne Käse aß, war einverstanden und arbeitete wirklich den ganzen Tag. Abends erhielt er das Stück Käse und da er nach den ungewohnten Mühen sehr hungrig war, setzte er sich erstmal in den Schatten eines Baumes, brach ein Stück vom Käse ab und schmauste genüßlich. Den restlichen Käse trug er dann auf dem Kopf nach Hause.

Da es aber nach einem heißen Tag abends noch sehr warm war, schmolz der frische Käse, den Dick wie versprochen auf dem Kopf trug und lief Dick in kleinen gelben Bächen ins Gesicht.

Als Dick so bei seiner Mutter ankam, schlug sie die Hände über dem Kopf zusammen. „Junge, was hast du gemacht!" rief sie aus. „Wer trägt denn Käse auf dem Kopf? Den nimmt man ganz vorsichtig in die Hand!"

„Gut", meinte Dick, „dann werde ich das beim nächsten Mal so tun."

Zu essen gab es aber wieder nichts, denn Dick sollte lernen, achtsam zu sein.

Am vierten Tag fand er wieder sehr bald eine Arbeit. Er sollte bei einer alten Frau, die ganz alleine lebte, Holz hacken, ihren ganzen Wintervorrat, denn sie hatte gerade eine ganze Fuhre voller Holz geschenkt bekommen. Geben konnte sie ihm dafür nur ein junges Kätzchen, denn ihre Katze hatte gerade Junge bekommen. Dick war es recht, und er hackte Holz den ganzen Tag lang.

Abends gab die alte Frau ihm das Kätzchen, und Dick trug es vorsichtig in seinen Händen vor sich her nach Hause. Das Kätzchen, das zum ersten Mal getrennt war von der Katzenmutter und den anderen kleinen Katzen, mochte das gar nicht und versuchte, Dick zu entwischen. Der hielt es fest, denn er wollte nicht noch einmal ohne Lohn nach Hause kommen und wurde von der ängstlichen kleinen Katze böse im Gesicht und an den Händen gekratzt.

„Du liebe Güte", sagte seine Mutter, als sie ihn an diesem Abend so zerkratzt ankommen sah, „wie kannst du die Katze auch so tragen. So ein Tier zieht man an einem Strick hinter sich her!" Und sie gab dem Kätzchen erstmal ein bißchen Milch zu trinken, damit es sich beruhige. Für Dick gab es auch an diesem Abend wieder nichts. Er schwor sich beim Knurren seines hungrigen Magens, daß ihm so etwas nicht wieder passieren sollte. Das nächste Mal würde er so tun, wie ihm seine Mutter geraten hatte.

Tags darauf bekam Dick erst nach sehr langem Suchen wieder Arbeit. Ein Bauer, zwei Dörfer entfernt, suchte einen Knecht, der ihm helfen sollte, die große Scheune zu reparieren, deren Dach beim letzten großen Gewitter undicht geworden war. Dafür sollte Dick ein großes Stück geräuchertes Fleisch erhalten.

Als das Scheunendach wieder dicht war, war auch der Tag schon fast vorbei und Dick rechtschaffen müde. Er band einen Strick um das Fleisch, das der Bauer ihm gab und das so gut duftete, daß ihm schon das Wasser im Munde zusammenlief. Morgen war Sonntag und seine Mutter würde sich über dieses Sonntagsessen sicher freuen. Und Dick lief, so schnell er konnte, das Fleisch hinter sich her ziehend, über die Felder und durch einen dichten Wald nach Hause.

Seine Mutter wartete schon auf ihn. Als sie sah, was er diesmal mitgebracht hatte, nämlich ein

Stück Fleisch, das vom Schleifen auf dem Boden völlig verschmutzt und verdorben war, seufzte sie tief. „Wäre das schön gewesen, wenn wir das Fleisch morgen zum Sonntagsmahl gehabt hätten", sagte sie. „So etwas trägt man doch auf dem Rücken, du Dummkopf!" Dick versprach es, und da er schon so viele Tage abends nichts mehr zu essen bekommen hatte und er sie dauerte, gab sie ihm an diesem Abend ein Stück Brot. Aber kein zu großes.

Dick ärgerte sich über sich selbst, als er sich am übernächsten Tag wieder auf den Weg machte. „Immer mache ich alles falsch. Das muß sich doch einmal ändern!" dachte er bei sich. Gerne hätte er gehabt, daß seine Mutter auch einmal richtig stolz auf ihn war. Diesmal mußte er sehr weit ge-

hen und fand erst hinter der nächsten Stadt Arbeit.

Er kam zu einem Hufschmid, dem er den ganzen Tag bei seiner schweren Arbeit half. Am Ende des Tages gab dieser ihm ein Pony, das ein Mann, der das Beschlagen seiner Pferde nicht anders hatte bezahlen können, dem Schmid als Lohn gelassen hatte. „Ganz schön schwer", dachte Dick und schnaufte, als er sich das Pony, wie er es versprochen hatte, auf den Rücken lud. Er hatte große Mühe zu gehen unter dieser schweren Last und kam nur langsam voran auf seinem Weg nach Hause.

Sein Weg führte ihn wieder durch die Stadt, durch die er morgens schon gegangen war. In dieser Stadt, in einem herrlichen Palast mit einem großen Park, lebte der König des Landes mit seiner einzigen Tochter. Sie war sehr schön, und der König liebte sie sehr. Doch sie war ein seltsames Mädchen, hatte sie doch noch niemals in ihrem Leben gelacht. So war das Leben im Palast sehr traurig. Der König hatte alles versucht, um seiner Tochter zu helfen, hatte Ärzte, Magier, Clowns kommen lassen und ihnen reichen Lohn versprochen, wenn sie seine Tochter nur heilen würden. Allein, keiner hatte es vermocht. So hatte der König eines Tages verkünden lassen, daß derjenige, der seine Tochter zum Lachen brächte, sie zur Frau bekäme und das Königreich dazu.

Daraufhin waren viele Prinzen ins Land gekommen, um die Königstochter zum Lachen zu bringen, hatten Grimassen geschnitten und Witze erzählt, Purzelbäume geschlagen und lustige Lieder gesungen. Aber auch ihnen war es nicht gelungen, der Prinzessin auch nur ein Lächeln zu entlocken. Tag um Tag saß sie am Fenster ihres Zimmers und sah traurig hinaus.

So saß sie auch an diesem Tag dort, als sie auf einmal Dick sah, wie er mit seiner schweren Last unsicher schwankend den Weg entlang kam. Die Prinzessin glaubte ihren Augen nicht zu trauen. Trug doch dieser Bursche, schnaufend vor Anstrengung, sein eigenes Pony auf dem Rücken, anstatt es auf die Erde zu stellen und sich selbst auf seinem Rücken nach Hause tragen zu lassen! Wie dumm er war!

Da kitzelte es der Prinzessin ganz fürchterlich in der Nase, kleine Gluckser stiegen in ihr hoch, und auf einmal platzte ein schallendes Lachen aus ihrer Kehle. Ihr glockenhelles Gelächter erfüllte das ganze Schloß. Alle Diener und Mägde horchten auf, wer da wohl so wunderschön lachte. Wie groß war die Freude beim König und allen Menschen im Palast, als sie sahen, daß es die Prinzessin war, die mit einem Mal so lustig sein konnte.

Der König war sehr glücklich und umarmte sein Kind voll Freude. Er wollte nun aber auch wissen, wer sie so zum Lachen gebracht hatte. Die Königstochter lachte immer noch und zeigte mit dem Finger durch das Fenster auf Dick, der stehengeblieben war, um dem schönen Lachen zu lauschen. Das Pony aber trug er noch immer auf dem Rücken.

Man holte Dick, und der König vermählte ihn sogleich mit seiner Tochter. Das ganze Land feierte ein großes Fest, auch Dicks Mutter, die die Boten des Königs an den Hof geholt hatten, damit sie von nun an dort lebe. Dick und die Prinzessin wurden sehr glücklich miteinander. Und als der König starb, wurde Dick König dieses Landes. Da das Reich groß war, mußte er jetzt jeden Tag regieren und konnte nie mehr faul sein. Er wollte es aber auch gar nicht mehr. ♦

Der Magier von Mylor

Das Märchen von
dem Bauern, der seinen Schimmel verkaufte

♦

Es war einmal vor langer Zeit, da ritt einmal ein Bauer vom Dorfe Penryn an den Wassern der Carrickbucht entlang nach der Stadt Truro, wo er seinen Schimmel auf dem Viehmarkt verkaufen wollte. Eigentlich hätte er sein Pferd, das er sehr liebte, gerne behalten. Aber er brauchte das Geld dringend, denn lange schon schuldete er seinem Herrn den Pachtzins und der Unerbittliche hatte gedroht, den Bauern und seine Familie vom Hof zu verjagen.

Es war ein schöner Spätsommertag gewesen. Die Sonne wollte eben untergehen und tauchte ein letztes Mal wie zum Abschied die Wasser der Bucht in goldenes Licht. Noch hatte der Bauer in der beginnenden Dämmerung keine Mühe, seinen Weg über grüne Weiden mit ihren steinernen Umfassungsmauern und ginsterumsäumten Wegen zu finden. Doch mußte er sich sputen, um vor Einbruch der Dunkelheit in der Stadt zu sein.

Während er nun im Abendlicht dahinritt, überlegte er, welchen Preis er wohl für seine schneeweiße Stute auf dem Markt bekommen könnte. Hoffentlich würde es reichen, um damit die Pacht zu zahlen. Er dachte an das sorgenvolle, verhärmte Gesicht seiner Frau und an seine Tochter, die kein Zuhause mehr haben würden, wenn er keinen Käufer für das Pferd fand. Er seufzte traurig und tätschelte seinem Schimmel den Hals.

So war sein Herz vor Kummer schwer, als er ganz in Gedanken versunken an einem einsam gelegenen Friedhof vorbeiritt. Darum bemerkte er auch die dunkle Gestalt nicht, die sich hinter einem der Grabsteine erhob und sich ihm plötzlich in den Weg stellte. Der Schimmel scheute, und fast wäre der Bauer aus dem Sattel gestürzt. Der Schreck war ihm gewaltig in die Knochen gefahren und erst, als sich der Schimmel beruhigte, nahm er den großen alten Mann wahr, der einen langen schwarzen Mantel trug. Sein Gesicht war kaum zu erkennen, denn er hatte seinen Federhut ganz tief über die Augen gezogen.

Der Bauer fürchtete sich sehr, denn er erinnerte sich, daß entlang des Weges zur Stadt manches Mal Wegelagerer die Reisenden ausgeplündert hatten. Er überlegte blitzschnell, ob er seinem Pferd die Sporen geben und an dem finsteren Fremden vorbeigaloppieren sollte, aber da stand der schon neben ihm.

„Halt!“ sagte der Fremde in so herrischem Ton, daß der Bauer sofort sein Pferd zügelte. „Hab' keine Angst, Bauer! Ich weiß, daß du deinen Schimmel in Truro verkaufen willst. Verkauf ihn mir, ich werde dir mehr bezahlen, als man dir dort geben wird."

„Wieviel willst du mir denn zahlen?" fragte der Bauer, der all seinen Mut zusammennahm, zaghaft. Er hoffte, daß dies keine List des Mannes war, um ihn doch noch seines Pferdes zu berauben. Der Alte nannte einen Preis, aber er lag weit unter der Summe, die der Bauer so dringend benötigte. Kaum traute er sich, das Angebot des Mannes abzuschlagen, aber dann dachte er wieder an seine Familie zu Hause und sagte bittend zu dem Fremden: „Ich kann dir mein Pferd nicht zu diesem Preis geben. Wenn ich nicht mindestens das Doppelte für den Schimmel erlösen kann, werden meine Familie und ich Haus und Hof verlieren."

Da der Fremde nicht antworte, griff er wieder nach den Zügeln und trieb sein Pferd zu großer Eile an, um die Stadt noch rechtzeitig vor Eintritt der Finsternis zu erreichen. Der Fremde hatte keine Anstalten gemacht, ihn aufzuhalten und der Bauer atmete erleichtert auf.

Am nächsten Tage war Markt. Es kamen einige Leute, die den Schimmel kaufen wollten, aber niemand wollte dem Bauern den gewünschten Preis bezahlen. Kopfschüttelnd gingen sie weiter und feilschten um ein anderes Pferd. Den ganzen Tag versuchte er, einen Käufer zu finden, aber sein Bemühen war umsonst. Verzweifelt machte er sich unverrichteter Dinge wieder auf den Heimweg. Niedergeschlagen malte er sich aus, wie seine Frau diese schlechte Nachricht aufnehmen würde.

Als er sich wieder dem Friedhof näherte, vor dem er am Abend zuvor den schwarzgekleideten Fremden getroffen hatte, sah er schon von weitem, daß dieser ihn dort erwartete. Da der Mann ihm offenbar nichts Böses wollte, hielt der Bauer diesmal sein Pferd gleich an.

„Siehst du", sagte der Fremde zu ihm, „hättest du gleich auf mich gehört, hättest du dir den Weg sparen können!"

Dem Bauern war unbehaglich zumute. Woher wußte der andere nur alles so genau? Der Mann aber trat vor ihn und sprach: „Folge mir, du wirst einen anständigen Preis für das Tier bekommen."

Dem Bauern wurde es immer unheimlicher, aber er gehorchte, denn er hatte keine Wahl. Er mußte den Pachtzins in drei Tagen bezahlen.

Und nun begann ein Ritt, den er so rasch nicht wieder vergessen sollte! Der unheimliche Alte führte ihn, den Schimmel am Zaume haltend, so raschen Schrittes, wie er es nicht für möglich gehalten hatte, über wildes Heidekraut, durch entlaubte Wälder, vorbei an verlassenen Gehöften und Ruinen, durch Gegenden, die er noch nie gesehen hatte. Der Schimmel hatte große Mühe, seinen Weg zu finden zwischen Heidewurzeln, Farnkraut und Ginsterbüschen. Zweige schlugen ihm ins Gesicht, so daß er sie schützend mit dem Arm fernhalten mußte. Wilde Pferde trabten ein Stück des Wegs neben ihnen her.

Schließlich – der Bauer wußte nicht mehr, wie lange sie schon unterwegs waren – kamen sie zu einem großen Dolmen, der mächtig aus den anderen Felsen hervorragte. Vor diesem blieb der alte Mann stehen und zog unter seinem weiten, schwarzen Mantel einen Stab hervor, mit dem er den Stein berührte.

Zwischen Furcht und Neugier schwankend erinnerte sich der Bauer an die alten Erzählungen von Magiern, die mit ihren Zauberstäben manches Wunder vollbringen, ja sogar Felsen spalten könnten. Darum also hatte der Fremde auch gewußt, was ihm auf dem Markt widerfahren war. Oder hatte er es sogar so gewollt? Wenn er doch nur schon wieder auf seinem Hof wäre!

Krachend und polternd tat sich vor ihnen der große Stein auf und gab ein eisernes Gittertor frei. Hinter dem Tor hörten sie Pferde wiehern. Donner rollte und die Türflügel sprangen auf. Der Schimmel des Bauern tänzelte voller Schrekken auf den Hinterbeinen, und dem Manne wollte vor Angst fast das Herz stehenbleiben. Er rief dem Magier angsterfüllt zu: „Verschone mein Leben, das Pferd kannst du umsonst haben."

„Hab keine Angst", antwortete der Magier, „tritt nur ruhig ein, und du wirst etwas sehen, was keines Sterblichen Auge je zuvor gesehen hat."

Der Magier schritt vor ihm durch das Eisentor, und der Bauer folgte ihm. Sein zitterndes Pferd führte er am Halfter mit. Sie betraten eine gewaltige Höhle, deren Ausmaß nicht zu erfassen war. Von der Decke hingen kostbare Lüster, die in seltsamem Licht strahlten und glänzten. Die Wände schienen aus purem Golde und den Boden bedeckten schwere Teppiche. Darauf aber schliefen viele Ritter in ihren silbernen, glitzernden Rüstungen. Neben ihnen ruhten ihre Pferde in tiefem Schlaf. Alle hatten sie ein ebenso schneeweißes Fell wie des Bauern eigener Schimmel.

Im hinteren Teil der Höhle aber türmten sich große Berge von Münzen und blitzenden Edelsteinen. Dorthin führte der Magier den Bauern und sagte zu ihm: „Nimm dir so viel, wie dir als Preis für dein Pferd gerecht erscheint. Es war meine Aufgabe, ein weißes Pferd zu suchen. Diese Männer hier reiten nur Schimmel."

Dem Bauern gingen schier die Augen über ob all der Pracht und des unermeßlichen Reichtumes. Er nahm sich aber nur genau so viel von den Münzen, wie er brauchte, um den Pachtzins zu bezahlen. Der Magier lächelte freundlich und legte ihm noch einen großen, funkelnden Edelstein obendrauf. Der Bauer dankte ihm und konnte sein Glück gar nicht fassen. Da fiel sein Blick wieder auf die schlafenden Ritter.

„Wer sind diese Männer, und warum schlafen sie?" fragte er flüsternd, denn er hatte Angst, er könne die Ruhenden wecken, und sie würden über ihn und sein Pferd herfallen.

„Es sind die Krieger des Königs, der hier im Felsen schläft. Eines Tages wird er aufwachen und mit ihrer Hilfe das Land retten. Dann wird in Cornwall eine entscheidende Schlacht geschlagen werden. Nie aber wirst du oder sonst jemand die Dolmenhöhle hinter der Eisenpforte je wieder sehen. Geh nun heim. Ich wünsche dir viel Glück auf deinen weiteren Wegen!"

Der Zauberer führte den Bauern zum Tor zurück. Als er sich noch einmal umblickte, sah er, daß auch sein eigener Schimmel an der Seite eines der Krieger niedergesunken und schon eingeschlafen war. Erleichtert schlüpfte der Bauer durch das Tor, das hinter ihm mit donnerndem Krachen zuschlug, so laut, daß man es sicher bis nach Penryn hören konnte. Furchtsam wandte er sich noch einmal um, aber dort, wo eben noch das Tor gewesen war, war nun nur noch das glatte Felsgestein des Dolmen zu sehen. Um ihn herum war alles still.

Nach einem langen Fußmarsch kam der Bauer endlich zu Hause an. Wie freuten sich seine Frau und seine Tochter, daß er wieder bei ihnen war, und daß der Pachtzins nun bezahlt werden konn-

te! Auch der Bauer war froh, denn lange schon hatte er seine Frau nicht mehr so glücklich und ohne Sorgen gesehen. Den Edelstein aber hob er auf und nahm sich vor, ihn seiner Tochter eines Tages zu ihrer Hochzeit zu schenken.

Als er im Dorf erzählte, was ihm geschehen war, glaubte ihm keiner. Dennoch aber machten sich einige Wagemutige mit ihren Schimmeln auf, um nach dem Eisentor zu suchen. Sie dachten an die großen Schätze, die dahinter verborgen lagen. Aber keinem ist es je wieder gelungen, nochmals dort ein weißes Pferd zu verkaufen.

Und so schlafen der König und seine Krieger heute noch ungestört in dem Dolmen, bis eines Tages die Zeit der letzten, großen Schlacht gekommen ist. ♦

MÄRCHENTRÄUME

Gabriele Menzer
DER MÄRCHENBAUM
Märchen von Bäumen
80 Seiten mit 66 farbigen Illustrationen,
gebunden, 29,5 × 23,3 cm, DM 29,80
ISBN 3-451-20947-0

Richard Shirtcliffe
DIE FEENHARFE
Märchen-Bilder aus England
72 Seiten mit 20 Farbfotografien, gebunden,
21 × 23,5 cm, DM 24,80
ISBN 3-451-22315-5

HERDER